LES

GUERRES DES PAYSANS

ÉTUDE HISTORIQUE

IMP. L. BOURLARD ET V. HAVAUX, LITHOGRAPHES DE LA COUR,
16, rue d'Assaut, à Bruxelles.

LES

GUERRES DES PAYSANS

ÉTUDE HISTORIQUE

PAR

HERMANN PERGAMENI

Avocat à la Cour d'appel de Bruxelles

BRUXELLES

GUSTAVE MAYOLEZ, LIBRAIRE-ÉDITEUR

13, rue de l'Impératrice, 13

1880

INTRODUCTION

Dans sa remarquable étude sur les *Formes primitives de la Propriété,* M. E. de Laveleye disait naguère que l'histoire de la propriété était encore à faire (1).

Il en est une autre qui, malgré les prodigieux développements de la science historique, n'est pas faite non plus, c'est celle des paysans. Sans doute, quelques essais partiels ont été tentés çà et là, par exemple l'ouvrage de M. Bonnemère (2); mais ces travaux manquent de vues d'ensemble, ne s'occupent que d'un pays, tombent dans l'abus des détails ou négligent l'enchaînement des faits et les grandes lois qui dominent le développement des classes agricoles.

(1) *Revue des Deux-Mondes,* 1er juillet 1872, p. 137.

(2) Les beaux travaux de MM. Doniol et Dareste de la Chavanne s'occupent plutôt du développement théorique des classes agricoles que de leur histoire proprement dite.

Une véritable histoire des paysans devrait nous raconter leurs luttes et nous indiquer leur condition sociale dans tous les âges et chez tous les peuples, d'une manière coordonnée et systématique (1). Envisagée ainsi, dans son ampleur, l'histoire des paysans nous révèlerait un monde immense, qui passe inaperçu à nos yeux quand nous étudions l'histoire générale; elle nous ferait voir que, sous l'histoire telle que nous la connaissons, il en est une autre tout aussi vivante, plus émouvante peut-être, et qui forme en quelque sorte la trame de l'humanité. L'historien qui se vouerait à cette tâche serait étonné des découvertes qu'il ferait, même en ne travaillant que sur des documents connus. Pareil à l'observateur qui, après avoir examiné de loin une vaste prairie, s'élèverait tout à coup de façon à la dominer et à plonger ses regards entre les touffes d'herbe, il verrait se transformer le champ de ses investigations, par le seul effet du changement de point de vue. Tout à l'heure il n'apercevait que la mer de verdure, masse homogène et monotone, parmi laquelle les hautes tiges et les fleurs brillantes frappaient seules l'attention; maintenant, à travers les crêtes du gazon, il pénètre de haut dans des profondeurs où fourmille la

(1) « L'histoire des paysans devrait retracer les événements auxquels les « habitants de la campagne ont pris part et déterminer le rôle qu'ils y ont « joué. » DARESTE DE LA CHAVANNE, *Histoire des classes agricoles en France*, p. 316.

vie, où le banal tapis d'émeraude a fait place à mille groupes bizarres ou gracieux, où mille fleurs nouvelles jaillissent brusquement aux yeux, humbles joyaux perdus dans l'ensemble, mais joyaux précieux. Tel est le monde des paysans; masse ondoyante et sans contours quand on le regarde de loin, trésor fécond et plein d'attraits pour l'observateur attentif.

En attendant que l'homme de la terre trouve son Niebuhr ou son Humboldt, il est permis d'étudier séparément quelques-uns des aspects de ce champ sans bornes, par exemple les guerres des paysans.

Encore convient-il de bien limiter ce sujet; car si l'on appelle guerres des paysans celles auxquelles les paysans furent mêlés, toutes les guerres deviennent, jusqu'à un certain point, des guerres de paysans. Luttes agraires d'Athènes au temps de Solon ou de Clisthène, luttes agraires de Rome, guerres féodales ou révolutions communales, le paysan apparaît partout; le sol même de l'histoire est pavé de guerres de paysans; on peut dire qu'on les aperçoit à travers chaque convulsion sociale, dont ils forment les dessous profonds.

Mais, à moins de tomber dans une déplorable confusion, il faut évidemment réserver le nom de guerres des paysans aux grandes luttes de la classe agricole, où les hommes du labour jouent un rôle prééminent, où ils agissent pour leur compte, dans un but plus ou moins bien déterminé et réfléchi, mais personnel.

Même limitée ainsi, l'œuvre serait immense; il faudrait des volumes pour la mener à bonne fin. Tel n'est pas l'objet de cette étude.

Il s'agit seulement de tracer ici une sorte d'esquisse générale des guerres des paysans, de les grouper, de les coordonner dans un ensemble, en en recherchant les causes, les effets et les caractères.

Au premier abord, il semble que ce soit là une tâche chimérique; car, quoi de plus rebelle à toute règle fixe, à tout groupement systématique, que ces prises d'armes confuses et instinctives des masses ignorantes de l'humanité? Il n'en est rien cependant; à mesure qu'on pénètre dans les entrailles du sujet, on y reconnaît, comme en toutes choses de ce monde, des lois précises, et l'on serait plus tenté peut-être de s'étonner de l'inflexibilité de ces lois que du désordre apparent des faits.

C'est ainsi que les guerres des paysans sont presque toujours des révoltes. Le paysan n'attaque jamais, il se défend; et il ne se défend que lorsqu'il est poussé à bout par l'excès d'une longue oppression; ses révoltes sont les révoltes du désespoir. Par contre, dès qu'il est une fois soulevé, il va droit au but comme la bête fauve, et ce but est toujours, quelles qu'en soient les formes accidentelles, une révolution sociale, c'est-à-dire une revendication de la terre et un partage égalitaire.

Sans doute, la foi religieuse, l'indépendance nationale jouent aussi leur rôle dans les soulèvements des classes rurales; mais la cause intime, la cause profonde que l'on retrouve dans toutes ces prises d'armes, c'est la misère, et la misère ne peut trouver d'autre remède que dans la possession du sol.

Ce qui caractérise encore les guerres des paysans, c'est l'indiscipline désolante et la sauvagerie bestiale, triste et fatale conséquence du genre de vie de ces pauvres déshérités de la civilisation.

Au point de vue historique, les guerres des paysans se divisent en plusieurs groupes, sans parler des révoltes locales ou des luttes obscures des premiers âges.

Ce sont d'abord les révoltes des paysans des peuples vaincus, pressurés par le fisc de Rome, premier réveil des nationalités que vont déchaîner les invasions germaniques; telles sont les Bagauderies.

En second lieu, les luttes nationales du moyen âge, provoquées par le groupement définitif des races germaniques, telles que la révolte des Kerels de Flandre contre la domination des comtes, et celle des Saxons contre les Normands.

En troisième lieu, la grande crise féodale du XIVe siècle, où le paysan, écrasé entre les rois, les communes et la noblesse, essaie de se faire place au soleil; telles la révolte de Wat Tyler en Angleterre, la Jacquerie en France, la prise d'armes des Kerels de Zannekin en Flandre.

En quatrième lieu, les révoltes attisées par la réforme religieuse et dirigées soit contre l'absolutisme royal, soit contre les dynastes féodaux; telles la grande guerre des paysans en Allemagne et les jacqueries sans nombre qui désolent la France pendant les règnes néfastes des derniers Valois et des princes de la maison de Bourbon.

Enfin, les bouleversements qu'amène la chute de l'ancien régime, comme la Jacquerie de 1789, la Vendée française de 1794 et la Vendée belge de 1798.

A ces luttes, il faut ajouter les guerres des paysans dans les pays de l'orient de l'Europe, qui, bien que ne se présentant pas toujours dans le même ordre, offrent cependant avec celles de l'Europe occidentale une frappante ressemblance.

Avant de commencer l'étude de ces conflits, il convient d'examiner brièvement la constitution de la propriété chez les classes agricoles, car c'est là le pivot, le cœur de toutes les guerres des paysans.

Grâce aux travaux d'une foule de savants, dont M. Émile de Laveleye cite les noms et analyse les œuvres dans *les Formes primitives de la Propriété*, on sait aujourd'hui que l'humanité, loin d'avoir débuté par la notion de la propriété individuelle (1), du *domi-*

(1) Tel n'est point toutefois l'avis de M. Claudio Jannet, *La Propriété foncière à Sparte*, dans *la France judiciaire*, 16 décembre 1879.

nium quiritaire, n'a connu, au contraire, pendant de longs siècles, que la propriété collective. Communautés de villages, communautés de famille, telles sont les institutions que nous trouvons chez tous les peuples à leur origine et que certains d'entre eux ont même conservées jusqu'aujourd'hui. Propriété appartenant à la collectivité, au canton, au clan, ou à la *gens*, usage temporaire ou héréditaire accordé aux individus ou aux familles, le principe est le même partout. Qu'il s'agisse de la *marke* germanique, de la *druzina* ou de la *zadruga* slaves, de la *coterie* gauloise, partout nous sommes en présence d'une collectivité. Souvent elle disparaît à la suite des âges; parfois elle subsiste, comme dans les *Allmends* suisses, les *lammas lands* anglais, les *run-rings* irlandais, les *esschen* de Drenthe et de Westphalie, le *dessa* de Java, le *mir* des Grands-Russes, la *hromada* des Petits-Russes, la *zadruga* des Yougo slaves, le *gun-tian* de la Corée.

Bien plus, telle est la puissance de ce principe collectif, que, là même où il disparaît des lois, il laisse dans les mœurs des traces profondes. C'est ainsi qu'en Angleterre, l'un des pays où les classes rurales arrivèrent le plus rapidement à la propriété individuelle, on trouve encore au moyen âge, comme aujourd'hui dans les parties reculées de l'Inde, des parts ou *hams*, réparties annuellement entre les habitants du village, en raison de certains métiers héréditaires; par exemple :

le *smith's ham,* le *steward's ham,* le *constable's ham* (1).

Il en est de même en France. Les compagnies, coteries, associations écrites ou *taisibles* de *compani, compains, partçonniers* et *frarescheux,* habitant ensemble la même *cella* et cultivant le champ commun, se maintiennent jusqu'à la Révolution française et ont laissé des traces jusqu'en plein XIXe siècle, ainsi que le montre Bonnemère (2).

D'autre part, quand la communauté de village ou de famille disparaît, elle se trouve remplacée par une institution qui lui ressemble sous bien des rapports, le bail héréditaire que nous voyons surgir dès le XIIe siècle, chez les peuples européens, sous ces différents noms : *beklem-regt* en Hollande, *contratto di livello* en Italie, *aforamento* en Portugal, *quévaises* en Bretagne, *domaine congéable* dans le reste de la France, *Erbpacht* en Allemagne et en Alsace (3).

En un mot, qui dit village dit collectivité; le mot même, dans les langues slaves et germaniques, signifie troupe, troupeau, réunion; exemple : *derevnia* en russe, *dorf* en allemand, *trup* en scandinave, *thorpe* en anglo-saxon (4).

Sans entrer dans plus de détails, il est un fait cer-

(1) E. DE LAVELEYE. *Revue des Deux-Mondes,* 1er juillet 1872, p. 162.
(2) *Histoire de l'Association agricole,* pp. 24 à 34.
(3) E. DE LAVELEYE. *Revue des Deux-Mondes,* 1er septembre 1872, p. 64.
(4) E. DE LAVELEYE. *Revue des Deux-Mondes,* 1er juillet 1872, p. 144.

tain, c'est que l'idée de la collectivité, de la solidarité, imprègne profondément la vie des classes agricoles pendant toute leur histoire. Si les chroniqueurs en parlent peu, si la plupart même semblent l'ignorer, c'est que, pour les classes dirigeantes, le peuple des laboureurs n'était qu'un vil troupeau, indigne d'occuper l'attention. Cependant, les communautés agricoles constituent un phénomène historique des plus importants ; si nous le négligeons, si nous ne retenons pas que, libres ou esclaves, serfs de la glèbe ou francs-tenanciers, les paysans conservaient toujours entre eux leur gouvernement intérieur, cette union qui leur donnait des forces, l'histoire des laboureurs devient un tissu de contradictions, un perpétuel non-sens. Comment expliquer, en effet, que ce peuple des campagnes, ce pauvre peuple des ahaniers, sans cesse rançonné, décimé, écrasé sous le lourd talon des puissants de la terre, puisse se relever encore, reprendre du souffle et continuer la lutte? Comment la féodalité, qui a détruit les grands fauves, n'a-t-elle pas réussi à détruire ces masses paysannes qu'elle traquait comme les loups et les sangliers? Ce sont les communautés de village, c'est l'esprit d'association, c'est la solidarité qui ont fait ce miracle, et c'est là que se trouve à la fois le grand enseignement et le côté noble, la face héroïque et consolante de l'histoire des paysans.

LES GUERRES DES PAYSANS

ÉTUDE HISTORIQUE

I

Les guerres des paysans sous l'empire romain.

Les Bagaudes.

Au moment de la conquête romaine, la Gaule brillait au premier rang des vaincus pour la perfection de son agriculture. Toutefois, la condition des laboureurs ne semble pas avoir dû y être fort heureuse ; à vrai dire, la Gaule était déjà du temps de César un vrai pays féodal, dominé par les grands propriétaires terriens, les nobles, entourés de leurs vassaux et de leurs clients ; quant aux paysans, ils paraissent n'être que des espèces de serfs. « Plebs pene servorum habetur loco, » dit César (1), et il ajoute que les nobles ont vis à vis de la masse populaire, les mêmes droits que les maîtres sur leurs esclaves.

(1) CÉSAR, *De bello gallico*, lib. 6, c. 13.

Ce servage ne fit que se consolider par la conquête.

La terre, rançonnée par le fisc impérial, s'épuisa; les paysans libres, affamés, se réfugièrent dans le patronat pour avoir au moins du pain, et le colonat les conduisit au servage.

Comme le disait Eumène dans son panégyrique de Constantin, « le laboureur se refusait à un travail dont le fisc dévorait tout le fruit ».

En vain Salvien et Lactance s'élèvent-ils contre ces abus; en vain, Constantin et Julien interviennent-ils pour arrêter le développement des *latifundia;* les campagnes restent en friche, les paysans disparaissent. Le christianisme ajoute encore à cette effrayante dépopulation, par la formation de communautés monacales réfugiées dans les forêts et dans les déserts, et autour desquelles se groupent tous les déshérités.

Enfin, après trois siècles d'oppression, l'épouvantable anarchie des trente tyrans fit éclater la première révolte agraire importante, celle des Bagaudes.

C'est de l'île de France que partit le signal, ainsi que cela devait se présenter souvent encore. Une première fois sous le règne d'Aurélien, les Bagaudes (du vieux celtique *bagad,* rassemblement) se réunissent, marchent sur l'opulente cité éduenne d'Autun, la prennent et la pillent après sept mois de siège. Des flots de sang étouffent cette première révolte. Mais sous Dioclétien, en 285, la Bagauderie reparaît plus générale et plus terrible. Cette fois, à la tête des paysans révoltés marchent deux chrétiens, Cneius Salvius Amandus et A. Pomponius Helianus; ils prennent la pourpre et s'intitulent Auguste et César, à l'imitation de Rome. Maximien marche contre eux et les écrase à Cussi; les débris de l'armée se replient avec leurs chefs vers le confluent de la Marne et de la Seine, à l'endroit où s'éleva plus tard Saint-Maur-les-Fossés, et s'y font exterminer, laissant au pays, en souvenir de leur héroïsme et de leur désastre, le nom de Fosse ou Camp des Bagaudes.

Après cette grande défaite, la Bagauderie se dispersa et l'invasion germanique en submergea bientôt les restes.

La révolte des Bagaudes est la première grande guerre des paysans, et nous y trouvons déjà les caractères principaux de toutes les guerres postérieures : la brusquerie presque foudroyante de l'explosion, la sauvagerie de la lutte, les instincts socialistes et égalitaires, les chefs enivrés du pouvoir suprême, la facilité et la cruauté de la répression.

Quant à la cause première, c'est celle que nous retrouverons au fond de toutes les guerres des paysans : les extorsions sans nombre du fisc, l'excès des impôts, la misère, ainsi que le dit Salvien.

Sans doute, le christianisme joua aussi son rôle dans ce grand soulèvement; la légende de la légion thébéenne, les noms des chefs désignés comme chrétiens, les persécutions dont les chrétiens furent l'objet à la suite de la révolte sous Dioclétien, le prouvent; mais le christianisme des pauvres paysans gaulois devait être fort peu orthodoxe et ressembler beaucoup à du pur socialisme (1); il ne faut pas oublier, en effet, que si, comme le dit saint Jérome, l'Eglise du Christ ne sortit pas de l'Académie ni du Lycée, mais de la vile multitude, *de vili plebecula*, d'autre part, les paysans restèrent encore longtemps des païens, car le mot païen, comme le mot paysan vient de *paganus*.

(1) Telle est aussi l'opinion de M. Henri Martin, qui doute même beaucoup qu'Amandus et Helianus fussent chrétiens. *Histoire de France*, 4e éd., t. V, p. 195.

II

Les Jacqueries nationales du haut moyen âge. — Les Kerels.

1° État des paysans lors de la formation de la féodalité.

Les invasions germaniques et l'établissement du christianisme eurent sur le sort des paysans des effets sensibles, bien qu'en général ils ne se manifestassent que lentement (1). D'une part, en Gaule, en Italie, en Espagne, le mépris des vaincus et les haines de race vinrent aggraver l'oppression des classes agricoles; d'autre part, l'avidité des clercs et la formation d'une caste sacerdotale, protégée par des immunités sans nombre, firent peser plus lourdement encore l'impôt sur le laboureur.

(1) Voir, pour ces effets, MAX WIRTH, *Histoire de la fondation des Etats germaniques*, t. Ier, pp. 263 et sq.; t. II, les Conditions, pp. 144 et sq.

La superposition des races, l'essence même du pouvoir royal et de ses armées chez les souverains francs développèrent lentement le principe féodal (1); le synode de Lestines en 743, sous Pépin le Bref, en sécularisant les biens d'église et en remplaçant les donations royales en toute propriété par des cessions temporaires, donna à ce principe une première consécration, car il créait la dîme au profit du clergé sur les terres sécularisées et généralisait les bénéfices (2); le régime féodal, cette religion de la terre, comme l'appelle Michelet (3), commençait. Partout les alleux se transformèrent en fiefs, les terres libres en terres à services, et la plus grande partie de l'Europe se trouva partagée en une série de suzerainetés dépendantes les unes des autres, depuis le roi jusqu'au plus humble paysan. Celui-ci, placé à la base de cette énorme pyramide, souffrit le plus; pris, enchevêtré dans une foule de liens, soumis à une foule de maîtres qui tous, en dernier ressort, s'adressaient à lui pour se procurer les ressources nécessaires, le paysan devint la proie, la chose des classes dirigeantes. Et comme la féodalité ne s'était pas imposée d'un coup, mais s'était lentement infiltrée dans le corps social, suivant des nécessités multiples, la position du paysan fut elle-même d'une variété inouïe, depuis celle de franc-tenancier jusqu'à celle de main-mortable, de « manant levant et couchant ».

Cependant, entre eux les hommes du labour restèrent ce qu'ils étaient; ils continuèrent à vivre en communautés, à

(1) Voir Poullet, *Histoire politique interne de la Belgique*, pp. 52 et sq., sur le régime des terres sous les Carolingiens.

(2) Max Wirth. *Op. cit.*, t. Ier, p. 278.

(3) Michelet, *Origines du droit français*, éd. Méline, t. II, p. 302.

s'administrer eux-mêmes, à se serrer les coudes pour être plus forts à mesure que la violence les enveloppait davantage.

Sans doute, une partie de l'ancienne *marke* avait cessé d'être commune et s'était transformée en propriétés privées, *manses* (fermes), groupés en *villas* (villages), mais bien que soumis au domaine éminent des rois, de l'Église ou des magnats, les villageois n'en avaient pas moins conservé leurs vieilles habitudes fraternelles (1).

Quelle était la vie interne de ces humbles communautés de villages, de ces coteries, de ces gildes redoutées des Carolingiens? Il est difficile de le dire, et sans doute nul ne le saura jamais parfaitement; aucun chroniqueur, en effet, ne s'est occupé de ces pauvres ahaniers, aucun document ne relate leurs lois ou leurs règlements, qui d'ailleurs n'étaient que de simples coutumes non écrites.

Mais ce que nous savons et ce que nous savons bien, ce sont les rapports de cette masse, en apparence inerte, avec les puissants, les maîtres, les suzerains. Ici les faits fourmillent, les sources abondent; cependant, telle est la variété des usages dans le monde expérimental du haut moyen âge, telle est la multiplicité des rapports de droit qui reliaient le seigneur à l'esclave, que ce serait folie de vouloir les réduire en code uniforme; tout au plus est-il permis de classer les paysans en quelques groupes généraux : paysans libres ou francs-tenanciers, demi-libres, comme les lètes et les colons, et serfs de corps (2).

En somme, on peut dire que tout homme qui ne peut trouver

(1) Voir, sur les communautés rurales, POULLET. *Op. cit.*, pp. 53 et 75.

(2) Le *lite* ou *lète* sert plutôt la personne que la terre; le *colon*, au contraire, la terre plutôt que la personne. POULLET. *Op. cit.*, p. 59.

un défenseur en lui livrant la suzeraineté de sa terre, qui ne peut s'*avouer* en un mot, qui est *sans aveu*, est une bête fauve que rien ne protège contre l'arbitraire (1).

Aussi, pour échapper à cette horrible solitude, de toutes parts, à dater des Carolingiens, les hommes libres se précipitent dans la servitude; entre celui qui porte une épée ou que la croix rend sacré, et le pauvre sans défense, s'opère en tout lieu le même contrat tacite : protégez-moi et je me donne à vous. C'est ainsi que se forme logiquement l'arsenal des droits féodaux.

Si l'on remonte à leur origine, presque tous ont leur raison d'être, presque tous sont fondés sur un échange de services ; mais bientôt le fort oublie ses devoirs envers le faible et ne connaît plus que ses droits; il les étend sans mesure, au gré de ses passions, et devient souvent l'ennemi de celui qu'il a juré de protéger. La féodalité se transforme en *Faustrecht*, en droit du poing.

Contre d'aussi criants abus le paysan, nous l'avons dit, n'avait aucun appui. Où donc l'eût-il trouvé? Auprès de l'Église? Mais l'Église elle-même était féodale et, si elle traitait parfois ses serfs avec plus de douceur, elle n'entendait pas leur rendre la liberté. La lutte acharnée que soutinrent les manants contre le monastère de Saint-Père de Chartres au XIIIe siècle (2), celle des paysans du diocèse de Laon contre leur évêque Roger de Rosoi au XIIe siècle (3), en sont de frappants exemples. Comment, du reste, une Église dont l'un des plus illustres athlètes, Bossuet, allait jusqu'à soutenir la légi-

(1) C'est aussi l'avis de M. POULLET. *Op. cit.*, p. 96.

(2) BONNEMÈRE, *Histoire des Paysans*, t. Ier, p. 92.

(3) AUGUSTIN THIERRY, *Lettres sur l'histoire de France.*

timité de l'esclavage, aurait-elle essayé de briser le lourd collier de cuivre des serfs de la glèbe?

A défaut de l'Église, les paysans pouvaient-ils espérer quelque protection des villes communes? Les communes étaient trop absorbées par le soin de leur propre défense, pour songer à soutenir le peuple des laboureurs; bien au contraire, elles aussi essayaient d'étendre leur autorité sur les campagnes voisines et, dans leurs guerres sans nombre soit entre elles, soit contre les seigneurs, elles ne se faisaient point faute de brûler le plat-pays. Toutefois, par la force des choses, le développement communal influa sur la condition des paysans (1). D'abord, les villes communes ouvraient souvent leurs portes aux laboureurs qui voulaient venir habiter dans leurs murs et leur accordaient, en échange, le droit de bourgeoisie foraine. Ensuite, les rois, trouvant dans les communes un appui contre les grands vassaux, en créaient parfois au sein du plat pays et les peuplaient de laboureurs; telle est l'origine de beaucoup de *villes neuves* et de *villes franches* (2).

Enfin, l'exemple des communes montrait aux villageois la route à suivre pour s'émanciper ou pour défendre leur liberté menacée.

2° Les premiers Karls.

Ce dernier mobile se présentait là surtout où les communautés de villages étaient restées puissantes et avaient échappé

(1) Voir, à propos de l'influence des villes sur le plat-pays, POULLET. *Op. cit.*, p. 204.

(2) AUGUSTIN THIERRY, *Lettres sur l'histoire de France*. Lettre XIII.

aux premières atteintes de la féodalité. Quand elle voulut les courber sous le joug, elles se redressèrent, et le même mouvement qui produisit les communes fut aussi la cause de la première grande guerre des paysans pendant le moyen âge, celle des tribus saxonnes échelonnées le long de la Manche et de la mer du Nord, en Angleterre et sur le continent.

Cette lutte mémorable, qui atteint son point culminant vers la fin du XIe siècle et le commencement du XIIe, est évidemment due, en partie, à la même cause que la formation des premières communes à chartes, c'est-à-dire à la résistance contre le courant féodal ; elle n'est pas une guerre d'émancipation, mais de défense, et comme l'assaillant féodal se présente presque partout sous les couleurs de l'étranger, de défense nationale.

De tous les Germains, de l'avis général, les meilleurs agriculteurs, mais aussi les plus passionnés pour la liberté, les plus réfractaires aux idées étrangères, c'étaient les Saxons. Rangés tout le long du *littus saxonicum*, depuis l'Elbe et l'Eider jusqu'à Dunkerque et Boulogne, établis dans tout le sud et l'est de l'Angleterre, ils vivaient depuis le Ve siècle sur les deux rives de la mer du Nord, la mer Saxonne.

Alors que la plupart des tribus germaniques s'étaient transformées sous l'influence du christianisme ou de la centralisation franque, les Saxons avaient su conserver leur indépendance et leurs coutumes païennes. Cela ne pouvait plaire aux Carolingiens, ces premiers représentants de la formidable alliance de l'épée et de la croix. De là des guerres incessantes qui se terminèrent, sous Charlemagne, par cette effroyable mêlée de trente-trois ans, où le paganisme et la liberté saxonne des tribus transrhénanes, Westphales, Engriens et Ostphales, succombèrent enfin sous les escadrons bardés de fer de l'empereur franc (1). Cependant, si les soldats du grand Karl détruisirent l'Eresbourg sacré et mirent la hache dans le chêne d'Armin, si le *herzog* de Westphales, le fameux Witikind finit par courber le front et recevoir le baptême, si les hideux massacres de Verden, la dévastation et le pillage systématiques finirent par implanter le christianisme au milieu des forêts et des tourbières, si la déportation en masse réussit à faire d'une partie de la Saxe une terre franque, le vieux génie païen et libre des Saxons ne fut point anéanti, tant était grande la force de résistance de ce peuple étonnant. Le Harz et les tourbières du nord continuèrent à voir se célébrer les mystères de Wodan, la *Markgenossenschaft* subsista et bien des tribus saxonnes ou sœurs des Saxons, les Nordalbinges, les Dithmarses, les Frisons, les Flamings conservèrent intacte leur vieille indépendance, à l'égal des Saxons d'Angleterre.

Leur centre sur le continent, c'était le Fleanderland (2), le pays des Flamings, la Flandre. Lentement, ils s'y étaient substitués aux débris des Ménapiens et des Morins, par couches successives et parfois hétérogènes. Bandes saxonnes guidées par leurs *heertogen*, pirates de Frise et de l'île Sainte, Heligoland, venus avec leurs *bersexers*, Vikings danois conduits par leurs *kiompurs* et leurs *seakongars*, pendant des siècles ils avaient débordé sur cette côte marécageuse et

(1) Voir, sur ces luttes entre les Francs et les Saxons, Max Wirth, *Histoire de la fondation des États germaniques*, t. Ier, et l'*Histoire d'Allemagne*, de Zeller, t. Ier. Il est à regretter que ce dernier auteur se laisse si souvent dominer par un parti pris de dénigrement vis-à-vis de l'Allemagne, au grand détriment de l'exactitude historique.

(2) Peut-être de la racine germanique : *flem*, fuir. *Fleander land*, pays des fugitifs, des bannis.

basse, qui, d'après Eumène, « semble flotter sur l'abîme et frémir sous les pas ».

Tels sont les premiers Karls (1), les Kerels dont la farouche bravoure va faire trembler pendant quatre cents ans les comtes et les rois de France.

Plus tard, d'autres essaims augmenteront leur nombre; Saxons transportés par Charlemagne, colons frisons, bannis anglais, tous de même origine, tous fort différents des Franks établis dans les vallées de l'Escaut, de la Senne, de la Dyle ou du Démer (2). Dès les Mérovingiens, cette différence si bien établie entre les deux populations germaniques d'où sortent les Flamands est déjà nettement tranchée; c'est ainsi que nous voyons qu'après la victoire de Clovis sur le roi saxon de Cambrai Radarcher, ses amis se réfugient dans le Fleanderland, auprès de leurs frères.

Maîtres incontestés du littoral, les Kerels s'y adonnèrent à l'agriculture, d'après leurs vieux usages. Groupés en gildes, vieilles communautés nationales, armés du *schram-sax* et de la massue, ce sont des laboureurs-soldats; ils en ont les fortes vertus, mais aussi la rudesse et la cruauté. Avec cela, païens déterminés; car nous les voyons encore au XIIe siècle célébrer le *dadsisa* et boire la coupe de l'amitié, la *minne*, autour du cadavre de Charles le Bon.

L'esprit d'indépendance des Kerels éveilla de bonne heure l'attention des Carolingiens, dont l'origine était peut-être saxonne. Dès 779, Charlemagne dit dans un de ses capitu-

(1) *Karls*, hommes libres, l'une des trois classes d'hommes des Germains septentrionaux; les autres sont les *iarls*, nobles, et les *trælle*, serfs, esclaves ou lètes. On appelle aussi les nobles, *adelings*; les hommes libres, *frilings*, et les serfs, *lassen*.

(2) VANDERKINDERE. *Patria Belgica* : Ethnologie, pp. 21 et sq.

laires : « Que nul n'ait l'audace de prêter ces serments par « lesquels on a coutume de s'associer dans les gildes. »

En 817, Louis le Débonnaire frappe de nouveau les gildes. « Quant aux conjurations de serfs qui se font en Flandre et « dans le Mempisque, nous voulons que nos missi ordonnent « à leurs maîtres de les défendre. »

Le célèbre évêque de Reims, Hincmar, est moins sévère ; il permet les gildes, « pourvu qu'on n'y blesse ni l'ordre ni la raison » (1).

Les gildes persistèrent et les Kerels restèrent libres. Mais un danger terrible fondit bientôt sur eux, l'invasion normande. Bien que de même race, les Normands furent pour les Saxons des ennemis implacables, et dès lors commença entre ces deux peuples une guerre sans merci, où la liberté des Saxons-Anglais devait finir par succomber dans les champs de Hastings.

La Flandre fut plus heureuse ; sans doute, les Normands ravagèrent abominablement le *littus saxonicum;* sans doute, nous les voyons parler de leurs triomphes sur les Flamings, dans le fameux chant de guerre de Ragnar Lodbrog ; mais il est un fait, c'est que les Kerels sauvèrent la West-Flandre des mains des rois de mer.

Il n'en fut pas de même sur la côte de la Manche ; les Normands finirent par y prendre pied, s'y installèrent définitivement et y implantèrent le régime féodal. Mais les Kerels refusèrent de subir ce joug odieux. Profitant de la mort du duc Richard sans Cœur, en 997, qui ne laissait pour héritier qu'un enfant, les paysans de Normandie se soulevèrent, et l'on vit pour la première fois depuis les Bagaudes une formidable prise d'armes contre les maîtres du sol.

(1) Kervyn, *Histoire de Flandre*, éd. de 1874, t. Ier, p. 43.

Dans son roman de Rou, Robert Wace nous cite leurs paroles, farouche cri de guerre dont nous allons retrouver l'écho dans toutes les guerres postérieures :

> Nus sumes homes cum ils sunt ;
> Des membres avum cum ils unt ;
> Altretant grans cor nus avum,
> E altretant sofrir peum.
> Ne nus faut fors cuers sulement,
> Alium nus par serement
> Nos aveir et nus defendrum,
> E tuit ensemble nus tenum.

Allions-nous par serment, disaient les paysans, défendons-nous, nous et nos biens, et tenons-nous tous ensemble !

Plus de seigneurs, ajoutaient-ils ! Plus de péages ! Nous voulons pouvoir couper les arbres, prendre le gibier et le poisson !

C'est l'éternelle revendication du laboureur contre le maître du sol.

Les Kerels de Normandie avaient habilement ourdi leur conspiration ; ils avaient formé des conventicules, une diète centrale, véritable *wittenagemot*, et réclamé l'appui des villes.

Celles-ci refusèrent, et l'oncle du jeune duc, le comte Raoul d'Evreux, étouffa la conspiration dans l'œuf, en surprenant la plupart des chefs dans une réunion générale. La répression fut horrible ; les paysans eurent les yeux arrachés, les jarrets brûlés ; on les arrosa de plomb fondu, on les empala vivants, en un mot, la gilde normande fut écrasée sous la terreur.

Dans le Wasconingawala, les comtes de Guines essayèrent aussi de dompter les Kerels, dont la puissance commençait à les inquiéter ; l'un deux, Herred Krangrok, de Furnes, avait quitté la charrue pour épouser la nièce de l'évêque de Térouane, Athèle de Servesse.

Le comte Rodulf de Guines entreprit de faire entrer ces terribles Saxons dans les cadres du régime féodal; il les soumit à un impôt d'un denier l'an et de quatre deniers en cas de mort ou de mariage, et leur enleva leurs couteaux; mais il n'osa toucher à leur arme nationale, le *kolf* ou massue de Thor. De là le nom de *Kolve-Kerli* que l'on donna à ces Kerels à demi asservis.

En somme, au XIe siècle, les Kerels sont dans un état de malaise évident, tout le long du *littus saxonicum;* au Jutland, en Frise, en Flandre, en Normandie, on les voit lutter contre les seigneurs, les communes et les dynastes; ils ne veulent pas se plier au régime féodal.

3° Les Saxons d'Angleterre.

Leur plus ferme appui dans cette lutte était l'Angleterre saxonne. Des rapports suivis de commerce et de famille unissaient le groupe anglais et le groupe continental; c'est ainsi que nous voyons le comte Godwin exilé se retirer en Flandre, Harold lui-même traverser le détroit, et le fameux Hereward, fils de Leofric, épouser une Saxonne du Fleanderland, Torfriede, et résider dans le pays.

Les Normands allaient une fois de plus arrêter les Kerels dans leur développement; Guillaume le Bâtard s'embarque pour l'Angleterre. Aussitôt les Kerels voient le danger, et tandis que la Flandre franque et féodale appuie les Normands et que les guerriers flamands, tels que Gilbert de Gand, Drogon de Beveren et Richard de Bruges, s'enrôlent sous les drapeaux de Guillaume, les Kerels conspirent en faveur de Harold et recueillent les vaincus de Hastings (1).

La famille de Harold, sa femme et sa sœur, Hereward, Waltheof, les héros de l'indépendance anglo-saxonne se retrouvent sur les plages du Fleanderland et préparent la délivrance de leur pays. Dès 1067, les Kerels du Boulonnais tentent de débarquer à Douvres; nous les retrouvons en 1069 à la prise d'York avec Edgar Etheling et les Danois, et le nouveau maître de la vieille cité, Gilbert de Gand, tombe entre leurs mains.

Bientôt Hereward lui-même, apprenant que les Normands ont saccagé son domaine de Thorneye et insulté sa mère, sort de sa retraite et, pendant que sa femme se retire au monastère de Croyland, se joint aux Saxons du camp de refuge d'Ely.

La lutte des Saxons d'Ely contre la domination normande est une vraie guerre de paysans, antiféodale et nationale. Hereward, leur chef, est un paysan, un *yeoman*, un véritable Kerel; pour commander aux masses réunies dans Ely, à la tête desquelles se trouvaient plusieurs nobles, tels que Morkar, Edwin et les évêques saxons, il lui fallut même se faire sacrer chevalier par l'évêque de Peterborough. Dès lors on lui obéit sans conteste; pendant des années il se maintint dans l'île d'Ely contre toutes les forces normandes, avec tant d'habileté et d'énergie qu'on lui donna le nom de Sorcier. Une trahison de moines livra l'entrée du camp aux troupes du Conquérant; mais Hereward ne renonça pas à la lutte. De marais en marais, il gagna Lincoln et commença la guerre de partisans. Quand tout espoir fut perdu, il déposa les armes et fit sa paix avec les Normands. Ceux-ci en profitèrent pour le faire lâchement assassiner (1072).

(1) KERVYN. *Op. cit.*, t. Ier, pp. 87 et 89.

Son souvenir resta gravé dans les cœurs saxons. « S'il y « avait eu trois hommes comme lui, dit une vieille chronique « rimée, jamais les Français n'eussent conquis l'Angleterre. »

Le jeune Waltheof périt bientôt après, et le *Doomsday book* livra le vieux sol libre des Anglo-Saxons au joug féodal.

Alors commença une longue Jacquerie des paysans saxons contre l'oppresseur (1); rebelles au servage, ils résistaient à toutes les exactions des barons normands; en vain brûlait-on leurs récoltes, détruisait-on leurs maisons; ils jetaient froidement le soc de leurs charrues aux pieds de leurs tyrans et se croisaient les bras, farouches. L'irritation des Normands devenait extrême. « Si jamais je deviens roi d'Angleterre, « s'écriait Guillaume, fils de Henri Ier, j'attellerai les Saxons à « la charrue comme des bœufs! »

Parole cruelle et caractéristique, que nous retrouverons souvent comme une plainte sur les lèvres des laboureurs ou comme une menace dans la bouche de leurs maîtres! Le naufrage de la *Blanche Nef* (1120) sauva les Saxons de ce dernier outrage; mais leur sort n'en fut point allégé et les révoltes continuèrent. Le meurtre de Thomas Becket nous montre quelle était encore la vivacité des haines, plus d'un siècle après la conquête.

(1) AUGUSTIN THIERRY, *Histoire de la conquête de l'Angleterre par les Normands, passim.*, éd. de 1855. — Sans doute, avant la conquête, tous les paysans saxons n'étaient déjà plus également libres; la *marke* avait fait place en partie aux *manoirs*; mais ces manoirs étaient des francs alleux, tandis que, sous les Normands, ils devinrent des *fiefs*, tenus du roi, et que les *socmanni* ou francs tenanciers, les *cotarii*, propriétaires d'un *kot*, d'une chaumière, et les *yeomen*, paysans propriétaires, se virent enlacés par les envahissements des possesseurs du domaine éminent, du *fief*, les *landlords*. — Voir E. DE LAVELEYE. *Revue des Deux-Mondes*, 1er août 1872, p. 555.

Il semble même qu'à mesure que les corporations urbaines s'élevaient et que la bourgeoisie se faisait une place au soleil, le sort des paysans s'empirât davantage. Presque tous étaient réduits à l'état de *bondes*, et ce nom qui, jadis, désignait le cultivateur libre, le maître de maison, ***husbond, husband,*** n'était plus aujourd'hui que la marque du servage le plus rigoureux (1).

Vers la fin du XIIe siècle, l'excès des souffrances provoqua une nouvelle Jacquerie. Un certain William, surnommé Longue-Barbe parce que, suivant la coutume des Saxons, il portait toute sa barbe, bourgeois de Londres d'ailleurs, se mit à la tête d'une ligue de résistance et protesta vivement devant le *hus-ting* de Londres contre l'imposition de tailles arbitraires. Cinquante mille paysans et petites gens se soulevèrent à sa parole; malheureusement, Londres l'abandonna au dernier moment, et Longue-Barbe et ses amis, assiégés dans l'église de Sainte-Marie de l'Arche, comme les Kerels de Bruges le furent dans celle de Saint-Donat, tombèrent entre les mains des Normands, après une résistance héroïque, et furent pendus au gibet. Le menu peuple les considéra comme des martyrs et Longue-Barbe passa pour le dernier des Saxons (1196).

Cependant, la lutte n'était point terminée encore; mais désormais elle se transporta dans les montagnes et les bois, avec les *out-laws* et les *borderers*. C'est là que nous retrouvons ceux que l'on peut appeler, mieux encore que Longue-Barbe, les derniers des Saxons, les Robin Hood, les Little John, les Adam Bel, les Clym of the Clough, les William de Houdesby. Toutefois, les nouvelles conditions de la lutte, le nouveau genre de vie transformaient lentement en bandits ces

(1) AUGUSTIN THIERRY. *Op. cit.*, t. IV, p. 309.

champions du droit national. Ce n'étaient plus seulement des paysans armés pour la défense de leurs biens, c'étaient aussi tous ceux qui aimaient la vie libre, tous ceux qui avaient à redouter, soit par amour de l'indépendance, soit par crainte de châtiments mérités, le réseau de la loi féodale. Le plus célèbre de ces *out-laws* est le fameux Robert Hode, ou Robin Hood, qui vivait vers la fin du XIIe siècle. Un ancien annaliste l'appelle : *famosissimus sicarius* (1). C'est tout ce qu'en dit l'histoire ; mais la légende et les ballades suppléent à son dédaigneux silence. Ce paysan libre, cet *yeman*, comme le dit une vieille ballade, résume en lui les dernières colères et les dernières aspirations de l'âme saxonne. Cantonné dans la forêt de Sherwood, au cœur de l'Angleterre, Robin Hood parcourait le pays à la tête de ses francs archers, comme un vrai roi des paysans et des déshérités. Cher aux laboureurs et aux fermiers, il était la terreur des seigneurs et des abbés. A côté de lui se trouvaient ses lieutenants, Little John, le meunier Mutch et le moine Tuck, le fameux frère Tuck qui combattait avec le froc et le bâton « with cowl and quarterstaff », tous gens hardis, amis des pauvres et du grand air libre des forêts de chênes, comme les compagnons de la Verte Tente du XVe siècle flamand (2).

Avec eux disparaît pour toujours l'intransigeance saxonne ; c'est dans le sein même de la société anglo-normande que va s'opérer désormais le lent amalgame d'où surgira la nationalité

(1) AUGUSTIN THIERRY. *Op. cit.*, t. IV, p. 70.

(2) Robin Hood passa pour un saint parmi le peuple ; jusqu'à la réforme, le paysan chôma le « Robin Hood's day », et son souvenir persiste encore aujourd'hui dans la province d'York. Voir, à ce sujet, AUGUSTIN THIERRY. *Op. cit.*, t. IV, p. 77.

anglaise, et bientôt c'est tout au plus s'il sera vrai de dire encore avec le vieux chroniqueur de Glocester, que rappelle Augustin Thierry : « Des Normands descendent les hauts per-« sonnages de ce pays, et les hommes de basse condition sont « fils des Saxons. »

4° Les Kerels de Flandre.

Pendant que les Karls d'Angleterre agonisaient sous le joug normand, de terribles épreuves les déchiraient dans le Fleanderland.

Là aussi la féodalité essayait de les dompter ; leurs mœurs belliqueuses, leur costume barbare, leurs longues barbes, leurs sayons retroussés au-dessus des genoux, leurs redoutables massues armées du *schram-sax* ou couronnées de poix enflammée répandaient la terreur chez leurs voisins.

« Méchants sont les Kerels, dit le fameux chant de guerre « flamand du XIIIe siècle (1), ils veulent écraser le chevalier ; « ils ont la barbe longue, le chapeau sur la tête et les « chaussures en lambeaux.

« Des matons, du petit lait, du pain et du fromage, voilà « ce que le Kerel mange tout le jour ; c'est aussi ce qui le rend « farouche, il mange plus qu'il ne peut.

« Un gros morceau de pain de seigle lui suffit ; il le tient à la « main en se rendant à la charrue, suivi de sa femme qui, la « bouche à demi pleine d'étoupes, agite sa quenouille jusqu'à « ce qu'elle aille préparer l'écuelle du repas.

« Il se montre aux kermesses plus fier qu'un comte et prêt

(1) Cité par M. KERVYN dans son *Histoire de Flandre*, éd. de 1847.

« à tout renverser de sa massue noueuse. Il s'y abreuve de « vin, et, bientôt ivre, il rêve que l'univers entier, villes, « bourgs et domaines, lui appartient.

« Voyez-le marcher avec son *knive* zélandais qui passe de sa « poche ! Ah ! puisse le Ciel le maudire à jamais ! Nous sau-« rons châtier les Kerels, nous lancerons nos chevaux à tra-« vers leurs champs. Ils ne nourrissent que de mauvais des-« seins ; nous les traînerons sur la claie ; nous les pendrons. « Leur barbe est trop longue ! Ils ne peuvent nous échapper ; « il faut qu'ils retombent sous le joug. »

Et toujours, après chaque strophe, le même refrain : « Des « matons, du petit lait, du pain et du fromage, voilà ce que le « Kerel mange. »

« Wronglen, wey, broot ende caes
« Dat heit hi al den dach ;
« Daer omme es de Kerel so daes,
« Hi hetes meer dan hijs mach ! »

Vers la fin du XIe siècle, l'évêque Arnould de Soissons les avait visités plusieurs fois, « pour faire connaître les bien-« faits de la paix et de la concorde à l'esprit indocile et cruel « des Flamings », dit un vieux chroniqueur. Il fonda même parmi eux l'abbaye d'Aldenbourg, afin de tempérer leurs coutumes païennes.

Mais les Kerels étaient réfractaires à toute influence. Ils voulaient rester libres chez eux ; manger à leur aise et tout leur soûl, *Wronglen, wey, broot ende caes.*

Aussi les trouvons-nous combattant contre Richilde à la bataille de Bavichove, en 1071, et c'est même sous la main d'un Kerel, Gerbald, que, d'après la légende, le jeune Arnould serait tombé.

Déjà leur ambition s'éveille. A la première croisade, leurs flottes, sous la conduite de Winnemar de Boulogne, se rangent orgueilleusement à côté de celles des dynastes féodaux. Vers le même temps, c'est un Kerel de Guines, Guillaume de la Bocherdes qui refuse de payer aux seigneurs de Hamme la *kolve-kerlie*, à l'occasion de son mariage avec Hawide, femme libre de Fiennes. Et le comte Robert de Guines est obligé d'abolir cet impôt (1).

Les comtes de Flandre, inquiets de l'attitude audacieuse et provoquante des paysans saxons, essaient de les désarmer. Robert II, en 1109, défend par une *keure* aux Kerels de Furnes de porter des massues. Baudouin le Hapkin proclame à l'assemblée d'Arras « que chacun ait à s'abstenir de porter des « armes s'il n'est baille, châtelain ou officier ».

Charles le Bon veut aller plus loin. Fils du roi de Danemark, Canut le Saint, il avait vu son père favoriser le clergé de toutes ses forces, créer la dîme au profit de l'Église, dominer en maître absolu et soulever dans le Jutland les premières Jacqueries par les exactions de ses percepteurs d'impôts à l'égard des paysans; il apportait donc deux idées fatales chez un prince flamand : le bigotisme religieux et l'instinct despotique. Ajoutons-y la haine des paysans libres, des Karls, qui avaient, en 1086, massacré son père en Fionie, au pied des autels de Saint-Alban.

Sous un pareil maître, la Flandre ne pouvait guère rester tranquille ; on le vit bientôt par la grande conspiration des Kerels de Bruges. Sans doute, la légende a défiguré cette sombre et tragique histoire ; la mort de Charles, les intérêts des classes dirigeantes et, par-dessus tout, les inventions d'un

(1) KERVYN. *Op. cit.*, t. Ier, p. 111.

clergé que le comte avait si puissamment favorisé et qui allait le mettre au rang des saints comme son père, ont étrangement faussé la vérite; mais à la lueur sinistre de l'incendie de Saint-Donat, il est permis néanmoins de deviner les lignes générales de ce grand drame.

Les Saxons s'élevaient chaque jour; l'un d'eux, Erembald, aurait, d'après la légende, assassiné le châtelain de Bruges et épousé sa veuve, Dedda. Toujours est-il que nous trouvons, dans les premières années du XIIe siècle, les enfants du Kerel Erembald en possession des plus hautes dignités de Bruges : Disdir, surnommé Hacket (1), est châtelain de la ville; Bertulf, prévôt de Saint-Donat; Lambert Knap, et son fils Burchard dominent toute la West-Flandre. Les barons et le haut clergé irrités n'eurent pas de peine à persuader au Danois de se tourner contre les Kerels. Il voulut leur imposer le servage, imprudente et folle mesure contre laquelle Bertulf protesta par ces hautaines paroles : « Personne ne peut nous rendre serfs. »

De pareilles tendances devaient d'autant plus exaspérer les Kerels, que tous les malheurs semblaient fondre à la fois sur le littoral du Fleanderland au commencement du XIIe siècle : inondations, famines, épidémies, exactions d'une féodalité sans frein.

Aussi la révolte ne tarda-t-elle pas à éclater. Profitant d'une absence du comte, les Kerels se jettent sur les châteaux des barons flamands, entre autres sur celui de l'insolent Tangmar de Straeten, et les mettent à feu et à sang. Le comte essaie de les châtier; il est tué par Burchard au pied des autels de Saint-Donat, le 2 mars 1127, comme son père dans l'église d'Odensee.

(1) *Hacket*, brochet, symbole de la ruse.

Ce meurtre laissa Bruges indifférente ; sauf dans la grande bourgeoisie, tout le monde était sympathique aux Kerels.

Alors commence le siège du Bourg, vaste légende où les miracles et les invraisemblances fourmillent sous la plume des chroniqueurs (1). Retenons seulement quelques faits caractéristiques au milieu de cette Iliade saxonne. D'abord, nous voyons les Kerels, maîtres du Bourg et de l'église, célébrer autour du cercueil du comte de Flandre le fameux *dadsisa* ou repas des funérailles, qui semble remonter à l'origine des gildes et que le concile de Lestines condamnait déjà en 743.

Pendant que la coupe d'amitié circule ainsi autour d'un cadavre, Bertulf fait appel aux Kerels de la West-Flandre et cherche à donner à l'insurrection un chef de race saxonne, Guillaume de Loo, vicomte d'Ypres, qui prend le titre de comte de Flandre.

Quelles que soient les noirceurs que les légendaires attribuent aux Kerels, il y a donc là une lutte à la fois religieuse, nationale et sociale, excitée sans doute encore par les famines des années précédentes et les pillages éhontés des grands barons, tels que Tangmar de Straeten. C'est leur indépendance que les paysans saxons défendent, c'est la féodalité qu'ils combattent. Contre eux se rangent la haute bourgeoisie, les nobles et les prêtres ; pour eux ils ont tout le petit peuple, les Gantois mêmes n'accourent au siège du Bourg que pour s'emparer des reliques du saint et pour piller le pays.

Certes, si Guillaume de Loo avait eu de l'énergie et de la décision, la victoire lui appartenait. Mais il hésita, louvoya et permit ainsi au roi Louis VI de lui opposer le Normand Guil-

(1) Voir, par exemple, l'histoire de l'enfant paralytique guéri par l'attouchement du cadavre du comte. KERVYN. *Op. cit.*, t. Ier, p. 124.

laume Longue Épée. Enfin, de Loo mit le comble à son impéritie en faisant arrêter Bertulf, échappé de Bruges, et déchirer par des crocs de fer cet homme auquel il devait Furnes, Bergues et Cassel.

Dès lors, la cause des Kerels fut perdue. Assiégés dans le Bourg, puis dans l'église par toutes les forces du roi de France, les courageux Saxons se défendirent pendant six semaines avec le courage du désespoir. Tous les jours, ils continuaient à célébrer le *dadsisa* autour du corps de Charles, après quoi ils couraient aux murailles. A la fin, il leur fallut se rendre comme allait devoir se rendre plus tard William Longue Barbe à Sainte-Marie. Ils n'étaient plus que vingt-sept ; mais telle était la terreur qu'ils inspiraient encore, que, pour les tuer, on usa de ruse : on fit semblant de les mettre en liberté l'un après l'autre, et, à mesure que chacun d'eux arriva sur les hautes galeries de l'église, on les précipita sur le pavé.

Bruges les avait soutenus jusqu'au dernier moment ; des femmes vinrent panser leurs blessures et pleurer sur leurs cadavres.

Les représailles furent horribles ; la noblesse féodale victorieuse se vautra dans le sang ; des tribus entières de Kerels se réfugièrent en Angleterre avec Guillaume de Loo ; d'autres émigrèrent en Allemagne (1).

Cependant, rien ne put détruire l'œuvre des fils d'Erembald. Thierry d'Alsace, plus habile et plus sage que Charles le Bon, réunit les divers partis contre le Normand Longue Epée et rendit aux Saxons leurs vieilles libertés. Tous les Kerels de la châtellenie furent déclarés *francons*, *frankhostes;* Disdir

(1) Voir Émile de Borchgrave, *Histoire des colonies belges en Allemagne, aux* XIIe *et* XIIIe *siècles.*

Hacket, qui avait échappé au massacre de sa famille, redevint châtelain et Bruges elle-même se débarrassa des derniers liens de servitude qui entravaient encore certaines parties de sa population.

La *keure* d'affranchissement de Thierry d'Alsace nous prouve le triomphe des Kerels; la composition du meurtre de l'homme libre y est évaluée au double du meurtre d'un clerc; les *minnes* ou gildes y voient leur existence consacrée, ainsi que la libre élection des juges, *cyre-mannen* ou *keurmannen*, par les compagnons de la gilde, les *minne broeders* (1).

C'est la sanction de l'ancien état des choses, et ceci nous montre que le grand mouvement des Kerels sous Charles le Bon est bien un mouvement national ayant pour but le maintien des vieilles libertés.

Une fois encore cependant, les Kerels durent lutter pour conserver leur indépendance, c'est pendant l'absence de Baudouin IX. Les rigueurs de la veuve de Philippe d'Alsace, la reine Mathilde, qui voulait imposer le servage à Furnes et à Bourbourg, soulevèrent l'insurrection des *Blauvoets* (*éperviers de mer*, peut-être à cause de leurs habitudes de pirates, ou bien *renards*, en opposition avec les *Isengrins*, les nobles).

Mathilde rassembla des armées de chevaliers et de mercenaires, se jeta sur les villages, qu'elle dévasta, et se dirigea sur Furnes. Mais les chefs *blauvoets*, Herbert de Wulfringhem, Walter d'Hontschoote, Gérard Sporkin, tous paysans portant l'épée, refoulèrent les bandes féodales jusque sous les murs de Bergues, qu'ils tentèrent même de prendre d'assaut. Épouvantée par leur valeur sauvage, la reine douairière leur accorda la paix et leur laissa leurs libertés.

(1) Kervyn. *Op. cit.*, t. Ier, p. 145.

Cimentées par le sang des fils d'Erembald et de tant de vaillants hommes, ces antiques libertés saxonnes étaient désormais assurées pour longtemps. La guerre de l'indépendance saxonne, la guerre des Kerels, la guerre des paysans de la West-Flandre était finie.

8° Les Irlandais, les Gallois et les Scandinaves.

Nous venons de voir les guerres nationales et antiféodales des paysans saxons, pendant le XIe et le XIIe siècle. Il en est d'autres qui méritent au moins une mention. Telle est la lutte des paysans irlandais contre les barons normands, après la conquête d'Henri II, en 1171. A cette époque, l'île d'Émeraude, la verte Erin, était encore à moitié païenne et soumise au régime des clans et des communautés de villages. Les conquérants ne tardèrent pas à envelopper la partie soumise dans une ligne de châteaux-forts garnis de palissades, le *Pal*, et à faire peser sur les clans compris dans cette ligne une intolérable servitude. L'histoire a conservé le souvenir des férocités de ces bandits normands, dont l'un, Jean Comine, mérita le surnom sinistre d'Écorche-Vilain.

Comme les Kerels, les paysans celtes de l'Irlande résistèrent de toutes leurs forces à l'envahissement féodal; comme les *out-laws* d'Angleterre, ils se firent hommes des bois plutôt que de courber la tête devant les « Saxons », ainsi qu'ils appelaient leurs oppresseurs, et l'on vit pendant des siècles ces *Wilde Irish,* ces Irlandais sauvages, guerroyer contre les dominateurs anglais. Tel fut le commencement de cette longue et lamentable lutte, que sept cents ans n'ont pu apaiser.

Il en fut de même des Celtes du pays de Galles; conduits

par leurs bardes et leur chef Lewellyn, ils se défendirent avec héroïsme, et quand la bataille du Snowdon eut anéanti leur nationalité, leurs bandes guerrières s'enrôlèrent dans les compagnies et vinrent ravager la France avec des chefs tels que le fameux Riewan le Gallois, le chevalier Rufin de Froissart (1).

Dans les États scandinaves enfin, les paysans, puissamment organisés en gildes champêtres, ne cessèrent de prendre les armes contre les collecteurs royaux et les percepteurs de la dîme d'église. Nous avons déjà parlé de la révolte des Jutlandais sous Canut le Saint, en 1086 ; un siècle plus tard, en 1175, la Scanie tout entière se soulève aux cris de : « Plus de dîme « ni d'évêques, plus de célibat de prêtres! »

Sous le règne d'Eric VI, surnommé *Plogpenning,* impôt de charrue, parce qu'il avait voulu frapper les charrues d'un impôt, les paysans de Scanie se soulevèrent de nouveau. Il en fut de même bientôt après des Frisons de l'Eider, et le roi Abel de Danemark perdit la vie en voulant dompter cette formidable révolte des paysans (1252).

Dans cette longue lutte de plusieurs siècles, les paysans suédois furent plus heureux que les Danois; ils maintinrent leur indépendance, tandis que, lentement, les laboureurs du Danemark perdirent leurs propriétés, qui passèrent entre les mains d'une poignée d'évêques et de seigneurs, et se virent réduits au rang de serfs.

Seules, les tribus saxonnes du sud, protégées par leurs marais, telles que les redoutables Dithmarses, parvinrent à garder leurs antiques libertés.

(1) AUGUSTIN THIERRY. *Op. cit.*, t. IV, p. 179.

6° Les Prussiens et la croisade teutonique.

Comme les Saxons, les habitants de la vieille Prusse étaient des païens et des laboureurs-soldats ; comme eux, ils se trouvèrent enveloppés par la double ambition de l'Église et de la féodalité et, comme eux aussi, ils succombèrent.

Peuple de race finno-lettique, les Prussiens vivaient tranquilles le long de leurs *Nehrungen* et de leurs *Haffs*, au milieu de leurs étangs et de leurs forêts de pins. Divisés en onze peuplades, groupés en communautés de villages, ils formaient aux confins du monde germanique et du monde slave un petit État paisible, où se conservaient les mœurs primitives et qui semblait fort inoffensif; mais ils adoraient les forces de la nature, les chênes, les fontaines, le cheval blanc de Swantvit, le Dieu de la lumière pure, et savaient tirer d'un sol riche d'abondantes moissons. Il n'en fallait pas davantage pour attirer les regards avides des missionnaires et des chevaliers.

Dès la fin du xe siècle, le moine tchèque Adalbert se rend chez les Prussiens pour les convertir au christianisme au nom du duc de Pologne ; et, par haine des Polonais, les Prussiens l'assassinent avec ses compagnons.

Deux siècles plus tard, dans les premières années du XIIIe siècle, le moine Christian renouvelle ces tentatives, fonde quelques églises sur la rive droite de la Vistule, et se fait nommer par le pape évêque de Prusse. Aussitôt les aventuriers accourent de tous côtés, la croisade contre les Prussiens s'ébranle en même temps que la croisade contre les Albigeois. L'ambition de l'Église et l'avidité féodale font couler à la fois des flots de sang aux deux bouts de l'Europe, et les cris de désespoir des païens qu'on égorge sur les bords de la Baltique répondent aux râles des hérétiques de la Méditerranée.

Exaspérés, les Prussiens se soulèvent en 1224, brûlent les églises et se jettent sur la rive gauche de la Vistule et sur le territoire polonais. Conrad de Mazovie, épouvanté, appelle à son secours les chevaliers teutoniques. Ils arrivent au nom du pape et de l'empereur (1), sous la conduite de leur grand maître, le célèbre Hermann de Salza. C'est ainsi que commence, en 1230, une guerre terrible de cinquante-trois ans, guerre de religion, de race, d'indépendance nationale, dans laquelle, sous leur manteau blanc à croix noire, les Teutoniques commirent des horreurs sans nom, où l'épée et la crosse s'entendirent pour exterminer un peuple dont le seul tort était de ne pas vouloir courber le front. Un siècle plus tard, l'œuvre était consommée; comme le dit M. Lavisse : « Un peuple avait été supprimé pour faire place à une colonie « allemande. »

7° Résumé de la période.

Dans le haut moyen âge, les paysans ont deux ennemis, l'Église et la féodalité : la première veut plier les âmes au joug de l'orthodoxie; la seconde, enchaîner les corps; toutes deux cherchent à s'emparer de la terre. Or, le paysan est païen, il

(1) Le pape, en cédant la Prusse aux Teutoniques, leur ordonnait « de « combattre de la main droite et de la gauche, munis de l'armure de Dieu, « pour arracher la terre des mains des Prussiens. » — Voir la *Conquête de la Prusse par les chevaliers teutoniques*, de M. Ernest Lavisse. — *Revue des Deux-Mondes*, 15 mars 1879.

aime la liberté, il possède la terre, trois motifs qui vont attirer sur sa tête les foudres de l'Église et l'épée des chevaliers.

Les coups seront d'autant plus rudes, que le laboureur présentera davantage ce triple caractère de païen, d'homme libre et de maître du sol. C'est pourquoi tout l'effort de la lutte se porte sur le paysan saxon.

Longues et impitoyables expéditions de Charlemagne contre les Saxons du Weser et de l'Elbe, luttes acharnées des Saxons d'Ely et des francs-archers d'Angleterre, révoltes des Kerels de Flandre : autant d'effets d'une même cause, autant d'actes d'un même drame. Parfois, le paysan succombe, parfois il triomphe; presque partout, il sort de la lutte plus ou moins engagé dans les engrenages de la machine féodale, dont les atteintes meurtrières font crier sa chair et vont amener la grande explosion du XIVe siècle.

III

La Crise féodale et les Jacqueries du XIVe siècle.

1° État des paysans.

Dans son remarquable ouvrage sur le siècle des Artevelde, M. Vanderkindere définit d'une façon à la fois exacte et pittoresque la situation des paysans au XIVe siècle.

« Les villes étendaient leurs franchises, dit-il (1), mais elles « s'isolaient des campagnes... Du milieu du canton, du milieu « de la châtellenie, les grandes communes s'étaient peu à peu « détachées, et leurs immunités grandissantes les faisaient se « dresser comme des volcans empanachés de lumière au « milieu d'une contrée couverte de cendres. »

On ne pourrait mieux dire. A mesure que les seigneuries

(1) VANDERKINDERE, *Le Siècle des Artevelde*, p. 243. — Voir la même opinion dans le livre de M. PERRENS, *Étienne Marcel*, p. 7.

féodales s'émancipaient, les cités s'étaient émancipées aussi d'après la même méthode, par les mêmes moyens; les campagnes, au contraire, avaient gardé tout le poids du joug, rendu plus dur encore depuis que la liberté des cités enlevait aux seigneurs une partie de leurs revenus.

Sans doute, il faut se garder de juger l'état des paysans au moyen âge d'après nos idées modernes; sans doute, la vie des classes agricoles ne se composait pas tout entière de massacres, de rapines et de villages incendiés (1); sans doute, on doit reconnaître que, dans certaines régions, en Normandie par exemple, en Suède, en Frise, en Écosse et dans l'orient de l'Europe, le servage n'existait pas ou existait peu; sans doute, enfin, le paysan du XIVe siècle possédait généralement à titre emphytéotique et, s'il n'avait pas la liberté ou plutôt l'égalité, il avait l'hérédité, sinon personnelle, du moins dans le sein de sa gilde ou de sa communauté; mais, dans tous les cas, il lui manquait un bien suprême : la sécurité.

Il était à la merci de la force, de la force toute-puissante, émancipée des liens de l'État; de là, d'épouvantables misères, des abus criants; de là aussi, des révoltes terribles, quand l'excès des souffrances précipitait l'ahanier dans le désespoir.

C'est un défaut de toujours dénigrer le bon vieux temps; M. Taine le fait admirablement ressortir dans ses magnifiques études sur l'ancien régime et la Révolution; mais c'en est un aussi de le vanter outre mesure, au détriment du présent.

Un mot résume la position du paysan au XIVe siècle : il était malheureux.

(1) Il est bon, du reste, de ne pas oublier que les villages de ce temps-là, bâtis en torchis et en boue, ne valaient guère mieux que les *kraals* qu'ont brûlés récemment les Anglais dans le Zoulouland, et se réparaient tout aussi vite.

D'abord, quelle était la condition des paysans sous le régime féodal? M. Fustel de Coulanges la détermine avec une clarté saisissante dans ses études sur les impôts au moyen âge (1).

Presque partout, en France par exemple, la terre était répartie en fiefs (2). Chaque fief se divisait généralement en trois parts : le *domaine* réservé au seigneur et cultivé par ses serfs, ses tenanciers, etc.; la *censive*, donnée en tenure aux paysans libres, et les *sous-fiefs*, ou terres à foi, cédés à des sous-vassaux. Sur toutes ces terres, le seigneur prélevait les impôts féodaux comme les impôts publics; car le roi, en d'autres termes l'État, n'avait plus d'impôts à lui, il n'était que le premier *fieffeux* du royaume.

Les impôts féodaux, c'est-à-dire la corvée, les tailles, les fermages, les droits multiples de poursuite, de formariage, de mainmorte, etc., tous les impôts serviles, en un mot, tombaient sur le paysan du domaine, à l'exception du cens, qui pesait sur la censive, du relief et du quint, qui se levaient sur le sous-fief (3).

Les impôts publics, c'est-à-dire les taxes, les amendes, les péages, les tonlieux, la taille sur les hommes libres des villes, se percevaient aussi sur le domaine, donc en grande partie sur le paysan, à l'exception de l'aide, qui s'étendait sur toute la seigneurie. A ces charges purement seigneuriales, il faut ajouter les charges d'église, telles que la dîme (1) et les charges

(1) Voir aussi, sur la question du régime foncier au XIVe siècle, M. POULLET. *Op. cit.*, p. 291. Il est à peu près du même avis que M. Fustel de Coulanges.

(2) Nulle terre sans seigneur. — Nul n'est fondé en franc-alleu, s'il n'en fait apparoir. — Ce sont là de vieux axiomes du droit coutumier français.

(3) Ajoutons que, dans les sous-fiefs, les sous-vassaux levaient, à leur tour, sur leurs paysans tous les impôts serviles.

royales, telles que les aides et bientôt le service militaire et l'impôt royal proprement dit.

Le seul examen de ces diverses charges, seigneuriales, d'église ou royales, nous montre qu'en fin de compte la presque totalité tombait sur le paysan, sur le petit paysan surtout.

De plus, comme il était faible, les forts ajoutaient incessamment aux obligations primitives de nouvelles vexations, végétation parasite et monstrueuse sous laquelle il est parfois fort difficile de retrouver la ramure naturelle et première de l'arbre de l'impôt.

Rien n'échappait à l'ingénieuse rapacité des seigneurs : « Le « seigneur, dit Michelet (2), enferme les manants sous portes « et gonds, du ciel à la terre... Il est seigneur dans tout le « ressort, sur tête et cou, vent et prairie ; tout est à lui, « forêt chenue, oiseau dans l'air, poisson dans l'eau, bête ou « buisson, cloche qui roule, onde qui coule. »

L'illustre historien, dans ses *Origines du droit français*, énumère longuement ces charges féodales, dont l'infinie variété défie toute imagination. Il en est de même de M. Bonnemère, dans son *Histoire des paysans* (3), et M. Poullet, de son côté, nous donne le compte de vingt-trois droits seigneuriaux principaux (4).

De ces charges, beaucoup étaient bizarres, un certain nombre odieuses, quelques-unes criantes.

(1) Rien n'échappait à l'avidité des décimateurs, pas même le gain des courtisanes, *et sic meretrix, histrio..... tenentur decimam dare.* Voir BONNEMÈRE. *Op. cit.*, t. Ier, p. 143.

(2) MICHELET. *Origines du droit français*, éd. Méline ; 1858, t. II, p. 303.

(3) T. Ier, pp. 230 à 266.

(4) POULLET. *Op. cit.*, p. 306.

Parmi les redevances bizarres, nous citerons, d'après M. Vanderkindere (1), le droit qu'avait l'abbaye de Zonnebeke, près d'Ypres, de percevoir chaque année, le 10 novembre, quinze chapons, qui devaient être apportés entre onze heures et midi, en trois cages placées sur un chariot couvert, attelé de deux chevaux de même poil, des sonnettes aux garrots, et conduits par un homme assis sur le devant du chariot jouant de la flûte.

Tel encore le droit, cité par Michelet, que possédait un châtelain de France, de recevoir un serin placé sur une voiture à quatre chevaux; tel celui du petit homme de la Walpert dans le pays de Hesse (2), celui de la pierre-fief de Péronne, celui du klipschild frison, l'*abénévis* des bords du Rhône, droit sur les eaux que devait payer celui qui se servait de l'eau pluviale des fossés, le *pulvérage* établi sur la poussière que soulevaient les troupeaux des pasteurs, et les redevances grotesques énumérées par M. Bonnemère, par exemple celle des rissoles qu'un des manants de l'abbaye de Nogent devait apporter trois fois l'an au sire de Coucy, monté sur un cheval isabelle, sans oreilles et sans queue, et suivi d'un chien également essorillé et portant au cou une rissole (3).

Si ces charges n'étaient que ridicules ou bizarres, bien d'autres étaient odieuses ou révoltantes, comme le célèbre droit du seigneur, le droit de prélibation ou de markette, dont les prêtres et les moines même osaient se prévaloir et sur lequel Bonnemère donne de si curieux détails dans son *Histoire des Paysans* (4).

(1) VANDERKINDERE, *Le Siècle des Artevelde*, p. 256.

(2) MICHELET. *Op. cit.*, p. 391.

(3) BONNEMÈRE. *Op. cit.*, t. Ier, p. 442.

(4) T. Ier, pp. 57 et suiv. et pp. 145 et suiv. Les moines de Saint-Théodard appelaient cela : « conduire la mariée au moutier. »

Tel encore le droit des trois premières nuits de noces, amende levée au profit de l'évêque d'Amiens sur les nouveaux mariés qui ne consacraient pas leurs trois premières nuits de noces à la Vierge, en souvenir de Tobie et de Sarah. Ce droit, que M. Louis Veuillot appelle « l'une des plus charmantes institutions du génie chrétien », persista pendant plusieurs siècles jusqu'au concile de Trente, malgré les ordonnances des rois de France (1).

Tel enfin le droit de *tierçage*, qui de la Bretagne s'étendit jusqu'en Touraine et en vertu duquel le curé prenait, en cas de mort, le tiers de la succession mobilière des paysans. Pierre Mauclerc ayant voulu protester contre un pareil abus, Innocent IV l'excommunia et mit ses États en interdit.

En Bretagne, ce droit se trouvait dépassé encore par celui du *jugement des morts*, par lequel le seigneur, et plus tard le clergé, s'emparaient de tous les biens du premier mourant des époux (2).

Cependant, quelque odieux qu'ils fussent, ces droits n'étaient pas ceux qui pesaient le plus au paysan; la corvée même se supportait avec résignation, car, comme le dit M. Vanderkindere (3), elle ne prenait que le temps, et le temps ne coûtait guère au moyen âge. Les droits criants, ceux qui finissaient par faire sortir de sa torpeur l'homme du labour et par provoquer des révoltes, c'étaient, avant tout, la taille arbitraire, taille à merci, le champart (quote-part de la récolte), la prise, le gîtage et la pourvoirie, dont les seigneurs abusaient pour voyager sans bourse délier; la chasse et la pêche, contre les-

(1) BONNEMÈRE. *Op. cit.*, t. Ier, p. 271.
(2) BONNEMÈRE. *Op. cit.*, t. Ier, p. 146.
(3) VANDERKINDERE. *Op. cit.*, p. 255.

quelles nous voyons les gens de la campagne protester jusqu'à nos jours avec une étonnante persévérance; enfin, le droit de mainmorte ou de meilleur cattel. Sans doute, au XIVe siècle, la mainmorte, souvenir d'une époque où le seigneur remettait la terre et le cheptel au paysan, pour reprendre ce cheptel à la mort, commençait à se transformer parfois, sous l'influence des baux héréditaires, en droit de meilleur cattel; néanmoins, nous en trouvons des traces jusqu'à la fin de l'ancien régime, et quant au meilleur cattel, il est encore d'un usage universel au XIVe siècle (1).

Vis-à-vis de ces masses opprimées, quelle attitude prenaient les nobles? Sans doute, tous n'étaient point des bandits; un cœur accessible à la pitié battait souvent dans leur poitrine; entre eux ils se conduisaient généralement bien, en observant les règles de cette religion de l'honneur, la chevalerie. Mais à l'égard des paysans, ils étaient tous sinon cruels, du moins insensibles. Pourquoi cela? D'où vient cette urbanité fraternelle entre gens de même caste, cette hostilité barbare d'une caste vis-à-vis de l'autre? Tocqueville nous semble avoir admirablement expliqué cette apparente contradiction. « Quand les conditions de vie des classes sociales sont dissemblables, nous dit-il, les rapports entre ces classes sont féroces; la douceur n'arrive qu'avec l'égalisation des conditions. » Or, au XIVe siècle, en pleine crise féodale, entre le paysan et le seigneur, ni l'éducation, ni la manière de vivre, ni la pensée, rien n'était commun.

Un abîme séparait ces deux classes sociales, et le baron cuirassé de fer ne ressentait pas plus de pitié quand il foulait l'ahanier sous son lourd destrier de bataille, que nous n'en

(1) VANDERKINDERE. *Op. cit.*, pp. 247 et 248. — POULLET. *Op. cit.*, p. 217.

ressentons à l'égard d'une fourmi que notre pied écrase en passant.

Ainsi s'explique cette froide et cruelle indifférence des grands pour les petits, indifférence qui se perpétue jusqu'à la fin de l'ancien régime, et dont les lettres de Mme de Sévigné sur la révolte des Bonnets bleus de Bretagne nous offrent un si frappant exemple.

Donc, vis-à-vis du paysan, le noble du XIVe siècle n'a d'autre règle de droit que son intérêt. Du haut de son donjon, dont il s'attribue orgueilleusement le titre, Montfort, Apremont, Rochefort, il plane avec dédain sur les Duval, les Dumas, les Dubois, les Deschamps, qui grouillent çà et là dans la plaine, ployés sur cette terre dont ils portent le nom comme un stigmate de servitude. Comme les aigles, ils vont à la proie; ils chassent au vol, ils sont voleurs.

D'ailleurs, le système même des guerres féodales achève de ruiner le paysan. Comment affaiblir l'ennemi sans ruiner sa terre, sans le priver de ses moissons, de ses bêtes de somme et de ses serfs de la glèbe? Ainsi faisaient les Juifs quand Jéhovah mettait un peuple en interdit; ainsi faisaient les Assyriens, les Grecs et les Romains; ainsi fera plus tard encore Turenne, lors de l'odieuse dévastation du Palatinat; ainsi faisons-nous encore nous-mêmes aujourd'hui dans nos guerres contre les races inférieures, étrangères à nos mœurs et à notre culture. L'Anglais du XIXe siècle qui brûle les *kraals* zoulous et les villages afghans agit comme le faisaient les barons et les rois du XIVe siècle vis-à-vis des paysans.

Dans cette vaste organisation du pillage, les rois et les papes donnaient l'exemple; sans doute, ils restreignaient les guerres privées de leurs vassaux, mais eux-mêmes pratiquaient le pillage en grand. Philippe-Auguste « gastait le pays » de son vassal Henri II d'Angleterre; Édouard III « vidait moult « nettement la France de blés, de bétail et autres biens », et Innocent III mettait en interdit la moitié de la France et excitait les soldats du Christ à faire aux Albigeois « plus rude « guerre qu'aux Sarrasins. »

C'est de cette façon que les uns et les autres, rois et seigneurs, papes et prêtres, mettaient en pratique la terrible parole de Tacite : *Ubi solitudinem faciunt, pacem appellant!*

Au milieu de cette féodalité triomphante et rapace, commençait à se montrer, ainsi que le fait remarquer M. Vanderkindere, un curieux phénomène, une sorte d'égalisation dans la condition des gens de la campagne et la formation d'une troisième classe, à côté des bourgeois et des chevaliers (abstraction faite des dynastes et des gens d'église) : la classe des paysans (1).

C'est de cette classe des paysans que va sortir un formidable mouvement social qui, pendant deux siècles, bouleversera le monde occidental. A ce mouvement nous donnerons le nom de Jacquerie, parce que la Jacquerie française en marque bien le caractère : la lutte de Jacques Bonhomme, du paysan contre l'esprit féodal. Bien que l'idée nationale ou patriotique du XIe siècle et l'idée religieuse du XVIe jouent un certain rôle dans la plupart de ces révoltes, ce qui les domine avant tout, c'est l'idée paysanne pure. Le grand opprimé de la féodalité se redresse sous l'excès des outrages; il prend son ennemie corps à corps et, s'il succombe, il lui porte en tombant une mortelle blessure.

Les Jacqueries du XIVe siècle, qui débutent au XIIIe et s'éten-

(1) VANDERKINDERE. *Op. cit.*, p. 249.

dent jusqu'au XVe, nous offrent quatre centres principaux : la France, l'Angleterre, la Bohême et la Flandre.

Nous les étudierons séparément.

2° Les Jacqueries françaises.

Dès le XIIIe siècle, un malaise profond se faisait sentir dans les classes rurales de France : elles étaient littéralement écrasées par la féodalité. C'est là surtout qu'il était vrai de dire que nulle terre n'était sans seigneur. Un réseau de forteresses enveloppait le pays. Mathieu Paris en compte plus de quatre mille trois cents. Or, comme le disait énergiquement Guillaume de Newbridge, *tot tyranni quot domini castellorum.*

Les exactions sans nombre de tous ces tyranneaux devaient finir par déterminer des révoltes.

Le premier mouvement important où nous trouvions des paysans, c'est la prise d'armes à laquelle donnèrent lieu les pillages des *Cotereaux.* Ces bandits, dans les rangs desquels figuraient déjà sans doute bien des désespérés, des serfs exaspérés par la misère, des *outlaws* en révolte contre la dure loi sociale de leur temps, s'étaient montrés dans le midi et le centre de la France vers la fin du XIIe siècle. Armés de leur redoutable *coterel,* couteau, d'où leur nom, ils en voulaient indistinctement à toutes les classes, mais principalement aux prêtres, aux *cantadours,* comme ils le disaient ironiquement eux-mêmes.

Mal protégés par leurs seigneurs, les paysans recoururent à leurs propres forces et, sous la direction d'un obscur charpentier de l'Auvergne, Durant, ils formèrent contre les Cotereaux la ligue des *Capuchonnés* ou des *Confrères de la Paix.*

De l'Auvergne, la ligue se répandit bientôt dans les provinces du centre, et les Cotereaux furent taillés en pièces dans la sanglante journée de Dun-le-Roi, dans le Berry.

Mais enivrés par leur triomphe, les Confrères de la Paix se tournèrent à leur tour contre les nobles et essayèrent, en plein XIIe siècle, de renverser la féodalité. Alors, ces mêmes seigneurs qui n'avaient pas daigné défendre leurs paysans contre les Cotereaux, firent cause commune avec le haut clergé contre les vainqueurs de Dun-le-Roi, et les Confrères de la Paix furent exterminés.

Le premier effort des classes rurales vers l'émancipation avait donc avorté; mais un autre lui succéda bientôt, plus puissant et plus général : celui des Albigeois.

Depuis longtemps les barbes (oncles, vénérables) vaudois, descendus des vallées du mont Viso, prêchaient dans le Midi le règne des humbles et le retour à la primitive Église. Pierre de Lyon, ou Valdo (de la vallée), riche négociant de Lyon, donna à leurs doctrines un essor nouveau. Prêchant d'exemple, il avait distribué ses biens aux pauvres, fait traduire la Bible en langue vulgaire et propagé la bonne nouvelle. Bientôt, la secte des *paores* de Lyon compta des milliers d'adhérents dans les campagnes de la Provence. Comme le dit M. Hudry-Menos (1), « ce fut une Jacquerie dans l'ordre religieux, mais une jacquerie inoffensive, sans violence dans « l'ordre économique... Ce fut Jacques Bonhomme sans la « fourche et la faux, armé seulement de la parole divine. » Bientôt les cathares, les purs, les parfaits, les bonshommes, comme on les appelait, furent maîtres de tout le Midi. Paysans et bourgeois commencèrent à se moquer ouvertement de ces

(1) L'Israël des Alpes. *Revue des Deux-Mondes,* 15 nov. 1867, p. 469.

évêques et de ces abbés, qui « aimaient grandement les femmes « blanches et le vin rouge », et de ces *Romipètes,* de ces pèlerins qui s'en allaient porter leur argent au Saint-Siège.

C'est alors, en 1208, que le terrible Innocent III lança sur eux, comme une meute féroce, les cinq cent mille bandits de Simon de Montfort. La croisade contre les Albigeois ne touche qu'indirectement aux guerres des paysans ; ce fut avant tout une lutte nationale entre les Français du nord et ceux du midi ; il importe cependant de remarquer que la dévastation systématique de la Provence par les troupes de Montfort écrasa surtout les campagnes et sema, parmi les populations rurales du Languedoc, des ferments de haine contre les nobles qui s'étaient attribué leurs terres et les avaient réduites au servage, ferments d'où devaient sortir plus tard de nombreuses Jacqueries.

Les révoltes des *Pastoureaux* en sont un exemple. Dès 1214, les pastours et les laboureurs s'étaient soulevés une première fois dans le Berry ; ils réclamaient la suppression des prêtres et des nobles et l'égalité universelle, tendances que leur inspirait sans doute l'hérésie des Amalriciens, qui jouait, dans le nord de la France, le même rôle que celle des Vaudois dans le midi (1).

La captivité de saint Louis, lors de la septième croisade, fit éclater un second mouvement, bien plus formidable que le premier, en Flandre et en Picardie. Un moine de Cîteaux, le Hongrois Jacob (2), se mit à la tête du mouvement en 1251.

(1) Voir, sur les Amalriciens et Amaury de Bène, le savant ouvrage de M. Auguste Jundt, *Histoire du Panthéisme populaire au moyen âge,* pp. 20 et sq.

(2) M. Henri Martin incline à voir en lui non un bernardin, mais un Bulgare, imbu des doctrines manichéennes.

S'adressant aux pastours et se donnant pour prophète, le maître de Hongrie, comme on l'appelait, attaquait violemment les nobles et le haut clergé et soutenait que Dieu avait réservé aux petits la délivrance du saint roi, prisonnier des infidèles. A sa voix, pâtres, laboureurs, ouvriers, tous se soulèvent; plus de cent mille hommes, armés d'épées et de faux, se trouvent debout et marchent vers la Méditerranée; mais la croisade, comme celle de Gauthier sans Avoir, ne tarde pas à dégénérer en pillage et en tueries; les villes font cause commune avec les seigneurs, le maître de Hongrie est massacré dans le Berry, et « le menu peuple est obligé de s'en retourner pauvre « et mendiant », nous dit Mathieu Paris.

Mendicité! Voilà un mot nouveau. En effet, si les croisades avaient émancipé bien des serfs, ces malheureux sans foyer, sans ressources et désormais sans appui commençaient à former lentement une population de mendiants. La fondation des ordres mendiants par François d'Assises et Dominique de Guzman favorisait le développement de cette nouvelle plaie de l'humanité; de toutes parts, les affranchis affluaient dans les nouveaux ordres et prenaient le froc du franciscain ou du cordelier. A la fin du XIIIe siècle, on comptait déjà plus de 150,000 moines mendiants.

Donc, d'un côté, un peuple misérable et sans aveu; de l'autre, une noblesse sans frein. Tel est l'état de la France à l'aurore du XIVe siècle.

Ajoutons que le roi commence à devenir puissant et que sa tyrannie va s'ajouter à celle de la noblesse, tyrannie d'autant plus redoutable que le mouvement communal français avorte, laissant les masses populaires sans défense en face de leurs ennemis.

Aussi, comme le constate Augustin Thierry (1), « la classe « des serfs de la glèbe, des *hommes de corps*, entra en action « au moment même où parut s'affaiblir l'énergie de la classe « bourgeoise. »

Philippe le Bel apparaît; il lui faut de l'argent, il s'adresse au peuple et crée la maltôte, la mauvaise taille (*male-tolta*). Sans doute, on consulte les États-Généraux, dès 1302; mais à ces États-Généraux Jacques Bonhomme n'apparaît pas : il suffit qu'il paie.

Hélas! hélas! hélas! hélas!
Prélats, princes et bons seigneurs,
Bourgois, marchands et advocats,
Gens de métier, grands et mineurs,
Gens d'armes et des trois États,
Qui vivez sur nous, laboureurs!

Telle est la mélancolique complainte que chantent les pauvres laboureurs de France.

Les affranchissements généraux des fils de Philippe le Bel ne font qu'empirer la situation; ce sont des moyens dont la royauté se sert pour créer de nouvelles taxes et enrichir son trésor (2).

Aussi, dès 1320 éclate une nouvelle révolte des Pastoureaux; au nombre de 40,000, ils veulent aller en croisade, se dirigent à leur tour vers la Méditerranée, sous la conduite de prêtres *truffeurs*, exterminent les Juifs et se font écharper par le comte de Foix dans les marais d'Aigues-Mortes.

Puis arrive la peste noire, la grand'mort de 1348 et les

(1) *Lettres sur l'Histoire de France*. Lettre XXV, *in fine*.

(2) Voir, sur le caractère fiscal de l'ordonnance de 1215 de Louis le Hutin, DARESTE DE LA CHAVANNE : *Histoire des classes agricoles en France*, p. 72.

grandes compagnies, plus abominables encore. La guerre de Cent ans jette sur la France des bandes de féroces pillards, malandrins, mauvais garçons, écorcheurs, routiers, escarpes, paillards, qui vont la ravager pendant plus d'un siècle sans trêve ni merci et dont les forfaits ont de quoi épouvanter et écœurer le plus froid et le plus impartial.

Presque toutes ces bandes contenaient des paysans; dans ce résidu sanglant et boueux du moyen âge, les classes rurales devaient, à cause de leur nombre et de leur misère même, former la grande majorité. Mais il est évident que les dévastations de ces paysans déclassés, qui font la guerre contre leurs frères, ne méritent pas le nom de guerres des paysans.

Parfois les compagnies faisaient des *pactis* avec les laboureurs, et moyennant argent les laissaient cultiver leurs champs; par ce procédé, semblable au *black-mail* des Highlanders, les chefs de routiers s'enrichissaient sans combat.

Mais ils ne se contentaient pas toujours d'*appactir* une province : ils la mettaient, le plus souvent, à feu et à sang. On le vit bien dans la fameuse guerre des Bâtards. Pendant des années, Robert Knowles, Eustache d'Aubrecicourt, Brocart de Fenestranges et le terrible Arnaud de Cervoles, l'*archiprêtre*, tous de noble race, ravagèrent sans pitié la France, depuis la Loire et la Saône jusqu'à la Méditerranée.

« Et toujours, nous dit gaîment Froissart en rappelant les « horreurs sans nom de ces féroces bandits, toujours gagnaient « pauvres brigands à piller villes et châteaux. »

La honteuse défaite de Poitiers, le 19 septembre 1356, dans laquelle une poignée d'archers anglais écrasa la chevalerie française, fit éclater l'orage qui grondait depuis si longtemps parmi les laboureurs. Un indicible mépris commençait à monter à la gorge de Jacques Bonhomme, en songeant à ces chevaliers sans foi qui, malgré leurs armures de fer, avaient lâchement plié devant des fantassins (1) et qui avaient l'audace de demander encore le payement de leur rançon aux pauvres gens qu'ils n'avaient pas su défendre contre les ravages des compagnies.

« Jacques Bonhomme a bon dos, chantaient les nobles, il « souffre tout! » Mais, comme le dit Michelet, cette fois « les « souffrances du paysan avaient passé la mesure; tous avaient « frappé dessus comme sur une bête tombée sous la charge; « la bête se releva enragée et elle mordit. »

Dès le 15 octobre 1356, le dauphin Charles avait réuni les États-Généraux pour leur demander des subsides. Mécontent de leurs prétentions, il les renvoya et entreprit de gouverner sans eux, essai de gouvernement personnel qui, d'après M. Perrens, « est certainement l'une des plus désastreuses « époques de l'histoire de France. » (2)

Jamais on ne vit plus complète anarchie; Anglais et compagnies s'abattirent à l'envi sur le pays, détruisant, brûlant et tuant. Aussi, le 3 février 1357, le dauphin fut-il obligé de réunir de nouveau les États, et c'est alors que, sous la pression du prévôt des marchands de Paris, Étienne Marcel, et de l'évêque de Laon, Robert Lecocq, il publia la *grande ordonnance* de 1357.

Les paysans venaient de trouver leur défenseur; la main puissante de Marcel s'étendait vers eux. Un bourgeois de génie, le Van Artevelde français, venait de comprendre en plein XIVe siècle, comme son illustre devancier flamand, que la soli-

(1) Perrens, *Étienne Marcel*, p. 76, rappelle une complainte qui accusait de trahison la chevalerie française.

(2) Perrens. *Op. cit.*, p. 120.

darité des classes et des hommes est la loi suprême de toute société (1). Que voyons-nous, en effet, dans cette grande charte qui établissait en quelque sorte en France un gouvernement du pays par le pays (2)?

Plus de pardon pour les meurtriers, les incendiaires, les voleurs, etc. (Art. 6.)

Le roi ne pourra convoquer l'arrière-ban (les milices rurales) qu'en cas d'absolue nécessité, après une bataille et sur l'avis des États ou de leurs délégués. (Art. 32.)

Défense aux nobles d'abandonner le royaume en temps de guerre. (Par conséquent, d'abandonner leurs vassaux aux coups de l'ennemi.) (Art. 33.)

Défense aux nobles de se faire la guerre. (Ce qui retombait toujours sur les vassaux.) (Art. 34.)

Les soudoyers (mercenaires) ne pilleront pas, et il est permis de leur résister par la force. (Ce qui était dirigé contre les grandes compagnies et les abus du droit de gîtage.) (Art. 37.)

Les soudoyers ne pourront rester qu'un jour dans les hôtelleries. Le lendemain, ils devront faire la guerre ou seront chassés. (Encore dirigé contre les rapines des condottieri.) (Art. 38.)

Tous les Français seront obligés de s'armer. (Art. 40.)

Malheureusement, comme Artevelde, Marcel était en avant de son temps. En vain fait-il prendre aux Parisiens le chaperon

(1) M. KERVYN, dans son *Histoire de Flandre*, fait remarquer que beaucoup de bannis flamands se trouvaient en ce moment à Paris et que leurs idées ne furent sans doute pas sans influence sur la politique de Marcel. Parmi les amis du prévôt des marchands, nous voyons, en effet, six personnes portant le nom de Flament, parmi lesquels Jacques, trésorier des guerres, et Jacques, maître de la chambre des comptes.

(2) PERRENS. *Op. cit.*, p. 150.

rouge et pers, dès le mois de janvier 1358; en vain, à l'occasion du meurtre de Perrin Marc, essaie-t-il de forcer le dauphin à sortir de l'inaction et à marcher contre les compagnies (1); en vain, le 22 février, par un coup de vigueur, envahit-il le Louvre à la tête des milices communales et fait-il égorger les maréchaux de Champagne et de Normandie aux pieds mêmes de leur maître, mettant ainsi la royauté dans sa main! Aucun écho ne lui répondait dans ce pauvre pays de France, dépourvu de toute grande vie communale.

Du reste, quelques jours plus tard, le dauphin s'échappait et courait s'emparer de la fameuse forteresse du Marché de Meaux, qui commandait à la fois la Marne et la Seine et permettait d'affamer Paris.

Dans ces conjonctures, Marcel envoie le 18 février, au dauphin et à toutes les bonnes villes de France et de Flandre, une lettre célèbre et menaçante, rappelant avec une éloquence saisissante au chef de l'État que son royaume est au pillage et qu'il est temps d'arrêter les fureurs de ces compagnies, « de « ces soldats qui nous roignent et nous pillent de tous lès, « qui ont tous le païs mangié et le peuple pillé et robé. » (2)

Hélas! telle est la force des circonstances, que Marcel lui-même est bientôt obligé, pour se procurer des troupes, d'embaucher le terrible *Archiprêtre,* Arnaud de Cervoles, qui garde l'argent et continue les pillages pour son propre compte.

C'est alors que les Jacques se soulèvent, poussés par la vengeance et le désespoir (3).

(1) Perrens. *Op. cit.*, p. 187.

(2) Voir, dans Perrens, *Op. cit.*, p. 383, le texte de cette lettre fameuse, retrouvée par M. Kervyn de Lettenhove et insérée aux *Bulletins de l'Académie de Belgique.*

(3) Perrens. *Op. cit., Causes de la Jacquerie*, pp. 238 et 239. — La cause

De leurs tanières, de leurs taudis, de leurs forêts, les ahaniers surgissent tout à coup le 21 mai 1358, dans les environs de Beauvais, aux villages de Saint-Leu de Cérent, de Noyetel et de Cramoisi. L'explosion fut terrible; armés de leurs bâtons ferrés, comme autrefois les Karls de leurs massues, les paysans se ruèrent sur les châteaux, broyant, massacrant, détruisant tout. En quelques jours, l'Ile de France tout entière, ainsi que le pays au nord de Paris, depuis Amiens, Beauvais, le Ponthieu, Laon et Soissons, jusqu'à la Brie et au Gâtinais, se trouvaient en feu.

La noblesse en fut terrifiée. « Les animaux de proie, dit « M. Henri Martin, ne seraient pas plus étonnés si les trou- « peaux qu'ils sont accoutumés à déchirer sans résistance se « retournaient tout à coup contre eux en furie. »

Froissart a fait de la Jacquerie une peinture effrayante; mais il y a beaucoup à rabattre de ce récit passionné de l'historien de la chevalerie. M. Bonnemère et après lui M. Perrens ont fait bonne justice des exagérations de férocité que Froissart prête aux Jacques. Combien étaient-ils? Cent mille, dit Froissart; six mille, répond le continuateur de Nangis. Il semble que la vérité soit entre ces deux chiffres. L'armée des Jacques était formée de divers éléments ; les paysans en formaient le noyau, mais nous y trouvons aussi, comme dans la plupart des mouvements populaires, des bourgeois, des prêtres et même des gentilshommes. Tels ce Lambert de Hautefontaine, frère d'un président au Parlement, Jean Hullot d'Estaneguy, « homme

occasionnelle fut l'article 5 de l'ordonnance de Compiègne qui enjoignait « à ceux auxquels il appartiendrait », c'est-à-dire aux paysans, de mettre les forteresses en état de défense à leurs frais et dépens. — Voir PERRENS, *La Démocratie en France au moyen âge*, t. Ier, p. 292.

de bonne fame et renommée, » Jean Nerenget, curé de Gélicourt, et la dame de Béthencourt, fille du seigneur de Saint-Martin le Gaillart (1).

Les Jacques s'étaient groupés par communautés de villages ; chacune avait son chef. Le principal de tous semble avoir été un paysan obscur de Merlot, Guillaume Calle ou plutôt Karle, plus connu sous le nom de Callet (2). Était-ce un descendant des anciens Karls, assez communs dans le nord de la France (3)? On pourrait le croire, à voir la farouche énergie avec laquelle il défendit la cause des paysans. Cet homme ne manquait pas d'esprit pratique ; c'est lui qui chercha à donner à la cohue des Jacques quelques chefs de nom connu, habitués à l'art de la guerre, et qui essaya d'obtenir l'alliance des villes, telles que Compiègne et Senlis (4).

Évidemment, Guillaume Karle comprenait, comme autrefois les fils d'Erembald et Zannekin, et comme plus tard Wat Tyler et Wenzel Hippler, qu'il fallait, si l'on voulait vaincre, discipliner les masses soulevées, arrêter les massacres inutiles et donner un but pratique à la prise d'armes.

Étienne Marcel le comprit aussi, et bien qu'il n'eût pas excité la révolte (5), il essaya d'en profiter en la régularisant de concert avec Karle. Il recommanda des chefs, empêcha les tueries, conseilla de raser les châteaux qui pouvaient nuire aux

(1) PERRENS. *Op. cit.*, p. 245.

(2) PERRENS. *Op. cit.*, p. 247.

(3) Telle est l'opinion de M. KERVYN, dans son *Histoire de Flandre.* Le continuateur de Nangis dit qu'il s'appelait Guillaume, surnommé *le Karle.*

(4) Sur l'alliance des villes avec les Jacques, voir M. LUCE, *Histoire de la Jacquerie.*

(5) PERRENS. *Op. cit.*, p. 239.

Parisiens (1), et finit par organiser une double expédition de bourgeois et de mercenaires pour soutenir les Jacques.

La première, dirigée par l'épicier Pierre Gilles et l'orfèvre Pierre Desbarres, devait soulever le plat pays du sud de Paris et y détruire les donjons féodaux.

L'autre, sous les ordres de Jean Vaillant, prévôt des monnaies, se joignit à Karle, qui assiégeait en ce moment le château d'Ermenonville. Dès lors, la guerre prend un aspect moins sauvage : on détruit les repaires, mais on épargne les vies.

Malheureusement, les paysans n'ont pas l'énergie patiente qui convient aux guerres systématiques ; leur exaltation est feu de paille ; une fois leur soif de vengeance satisfaite, ils se lassent, regrettent la charrue et se débandent. Cette mollesse fatale les perdit, cette fois comme tant d'autres. Les nobles eurent le temps de se reconnaître ; le dauphin et le roi de Navarre se réunirent contre les paysans. Une ruse de guerre ou une perfidie fit tomber Karle entre les mains de Charles le Mauvais, comme plus tard Wat Tyler devait tomber entre celles de Richard II. L'histoire raconte que le héros de la Jacquerie périt couronné d'un trépied de fer rouge, supplice que nous retrouverons souvent appliqué à ceux que l'on considérait comme rois des paysans.

Privés de leur chef, les Jacques furent taillés en pièces par le Navarrais, à Montdidier. Alors Marcel fit une dernière tentative pour rallier les débris de l'insurrection, en essayant de reprendre le « Marché » de Meaux, ville dont les habitants et le maire Soulas étaient dévoués à la cause populaire.

Les capitaines de la bourgeoisie, Vaillant et Gilles, se portèrent donc, le 9 juin 1358, avec huit cents Parisiens environ,

(1) PERRENS. *Op. cit.*, p. 251.

vers la redoutable forteresse. Sans doute, les débris des Jacques s'étaient réunis aux troupes de la commune, mais il s'en faut de beaucoup qu'ils eussent été dix mille, comme le dit Froissart (1).

Marcel avait le plus grand intérêt à s'emparer du Marché de Meaux; la duchesse de Normandie, femme du dauphin, Isabelle sa sœur, la duchesse d'Orléans sa tante, s'y trouvaient enfermées avec plus de trois cents nobles dames et quelques gentilshommes. Les prendre, c'était s'assurer de précieux otages; quant à les tuer, comme prétend le faire croire Froissart, la chose paraît trop folle pour mériter même une réfutation.

Toujours est-il que les Parisiens commençaient à serrer la forteresse de près, quand deux aventuriers qui, comme le dit Bonnemère, « venaient de gagner le paradis en combattant les « païens de Prusse », Gaston Phébus, comte de Foix, et le captal de Buch, arrivèrent en hâte de Châlons, avec quarante lances, c'est-à-dire cent cinquante à deux cents cavaliers armés de toutes pièces. Sous cette tempête de fer, les archers parisiens et les pauvres paysans armés de bâtons furent littéralement écrasés; on les abattit par tas et on les jeta dans la Seine.

La Jacquerie était finie : elle avait duré cinq semaines.

Maintenant allait commencer la répression, dont les horreurs devaient dépasser de loin toutes les cruautés des Jacques. Cette lâche noblesse, qui ne savait pas défendre le pays contre les Anglais, aidée des nobles du Brabant, du Hainaut et de la Flandre, se rua à travers le plat pays du nord de la France, brûlant, violant et massacrant. En moins de dix jours, vingt mille paysans avaient perdu la vie.

(1) Voir, à ce propos, PERRENS. *Op. cit.*, p. 259, et BONNEMÈRE. *Op. cit.*, t. Ier, pp. 306 et sq.

Au milieu des vapeurs du carnage, la grande voix de Marcel essayait seule encore de se faire entendre. Dès le 11 juillet, dans sa seconde lettre aux bonnes villes de France et aux communes de Flandre, il s'occupait des Jacques ; il signalait les horreurs de la réaction, « les pucelles corrompues et femmes « violées en présence de leurs maris, » en un mot, « plus de « mauls plus cruellement et plus inhumainement faits que « onques ne firent les Wandres ne Sarrasins. » (1)

Assistez-moi, disait-il aux communes, assistez-moi pour secourir « le bon peuple, les bons marchands, les bons labou- « reurs » ; il est temps d'arrêter les nobles, de réprimer leurs voleries, « car de nous et des autres ils se sont vantés qu'ils « nous osteront tout que un blanchet qu'ils nous lairont et « nous feront traire à la cherue avecques les chevaulx. »

Toujours la même plainte ! Toujours la sinistre comparaison de l'homme avec la bête de trait !

Dans ce monde troublé du XIVe siècle, où les passions s'entre-choquaient sans merci, en France surtout, où la vie communale râlait sous le pied des dynastes, la voix du prévôt des marchands ne pouvait trouver un écho. Réduit aux expédients, il essaya de s'appuyer sur le roi de Navarre, qui le trahit, puis sur le dauphin, qui le trahit à son tour pour s'entendre avec le Navarrais et ravager avec lui les environs de Paris. Une dernière tentative de Marcel pour diviser ses adversaires lui coûta la vie ; il périt à la porte Saint-Antoine, le 1er août 1358, au moment où il allait livrer la ville au roi de Navarre.

Sa mort enleva aux petites gens leur dernier défenseur. Dès lors, ils furent à la merci de toutes les tyrannies. La misère du paysan devint effrayante. Les terribles expéditions d'Édouard III

(1) KERVYN. *Bulletins de l'Académie de Belgique.*

et du Prince noir à travers la France changeaient le plat pays en désert. En 1359, nous dit Froissart, il y avait trois ans qu'on n'avait labouré. Une mortalité inouïe s'ensuivait. D'après des calculs très vraisemblables, en dix ans, de 1348 à 1358, la France aurait perdu les trois quarts de sa population (1).

Aussi le paysan commençait-il à confondre tous ses ennemis, Navarrais, compagnies, escarpes, sous le même nom : Anglais ! Il eût fallu profiter de ce courant patriotique et le diriger contre l'étranger qui rongeait la France. Déjà l'on avait vu quelques communautés rurales entamer avec leurs seules forces cette lutte nationale. C'est ainsi que les paysans de Compiègne avaient choisi pour les commander un certain Guillaume Lalouette, qui s'était donné comme lieutenant un valet de ferme, espèce d'hercule, ancien chef des Jacques, le Grand Ferré.

Dans une rencontre à Creil avec les Anglais, Lalouette fut tué, mais Grand Ferré vengea sa mort en abattant quarante-cinq ennemis à lui seul, sous sa redoutable hache. A quelques jours de là, Ferré, tombé malade, est surpris dans sa hutte par une douzaine d'Anglais. Il était au lit. — Voilà les Anglais! lui crie sa femme. — Il saute du lit, tue cinq ennemis, met le reste en fuite, boit un grand verre d'eau, se recouche et meurt.

Combien de ces héros obscurs les rangs des Jacques ne contenaient-ils pas! Bien dirigés, ils fussent devenus ce qu'étaient les francs archers d'Angleterre et eussent sans doute épargné à la France le désastre d'Azincourt et la longue anarchie qui le suivit.

Mais les Valois n'avaient point alors la main assez ferme; la

(1) Bonnemère. *Op. cit.*, t. Ier, p. 321.

féodalité était toute puissante et le pays demeurait livré aux grandes compagnies.

Un de leurs chefs, Jean de Gouges, ne s'intitulait-il pas roi de France, et ne vit-on pas après le traité de Brétigny, en 1361, les malandrins qu'il commandait réclamer leur solde arriérée, les armes à la main, battre les troupes royales à Brignais et se partager le pillage de la France, qu'ils rançonnèrent jusqu'à ce que Duguesclin détournât vers l'Espagne leur torrent dévastateur ?

Mais le départ des compagnies ne rendit pas la sécurité au plat pays. Le triste règne de Charles VI commençait, et les « sires aux fleurs de lis » avaient remplacé les routiers dans le pillage de la France (1). Un instant, les succès des Gantois et de Philippe Van Artevelde firent passer, dans l'Europe occidentale, un immense souffle d'espérance ; ce fut l'heure solennelle du XIVe siècle : Paris, Rouen, l'Angleterre, l'Italie avaient les yeux fixés sur la Flandre (2).

La catastrophe de Roosebecke arrêta net ce grand mouvement social (1382). Pour comble de misère, ce fut sur le paysan que retombèrent les frais de la guerre. Afin de réunir la chevalerie qui devait combattre les Flamands, le roi avait contracté d'énormes dettes envers les seigneurs ; pour s'acquitter, il dut leur permettre de se payer eux-mêmes, ce qu'ils firent en livrant le plat pays à leurs soldats. Les horreurs que commirent ces bandits, « leurs merveilleuses pilleries et maux

(1) Voir les soulèvements de l'Auvergne, du Poitou et du Limousin contre le duc de Berry, en 1379.

(2) Voir, sur la portée immense de l'entreprise de Philippe Van Artevelde, PERRENS, *La Démocratie au moyen âge*, t. II, p. 31. — Froissart y revient plusieurs fois, non sans terreur.

innumérables, » dont nous parle Juvénal des Ursins, firent éclater une seconde Jacquerie.

Elle fut le lendemain de Roosebeeke, comme la première avait été le lendemain de Poitiers. Bien plus générale que celle de 1358, quoiqu'elle soit moins connue, la Jacquerie de 1383 mit sur pied plus de cent mille hommes, qui, sous le nom de Tuchins, firent trembler le centre et le midi de la France; on les extermina.

Le paysan retomba sous le joug. Vinrent ensuite les Armagnacs et les Bourguignons, les Écorcheurs, les Bouchers et le désastre d'Azincourt (1415). Jacques Bonhomme, désespéré, se sauvait dans les bois et les déserts. « Mieux vaudrait servir « les Sarrasins que les chrétiens, disait-il; par le faux gouver- « nement des traîtres gouverneurs, nous faut renier femmes « et enfants et fuir au bois comme bêtes égarées. Mettons « tout en la main du diable! Ne nous chault que nous deve- « nions! » (1) C'est bien là le langage du désespoir.

Le grand effort national qui chassa les Anglais et qui se symbolise dans la légende héroïque de la paysanne de Vaucouleurs fortifia le pouvoir royal et soulagea un peu le fardeau de misères qui accablait les classes rurales.

Pourtant, de nouvelles Jacqueries eurent lieu encore, mais cette fois pour des causes spéciales. Telle est la Jacquerie du Mâconnais et du Forez de 1430, dirigée contre les seigneurs et les prêtres, et où nous retrouvons l'écho des doctrines des Hussites. « Tout le monde doit travailler, disaient les Jacques; « tous sont égaux, les gens d'église doivent disparaître. »

Telles sont les prises d'armes de la Bourgogne, de la Lorraine et de l'Alsace contre les Écorcheurs, ces sinistres héri-

(1) BONNEMÈRE. *Op. cit.*, t. Ier, p. 352.

tiers des grandes compagnies. Telle est aussi celle de la Normandie contre les Anglais. Soixante mille paysans se réunirent autour de Caen, en 1434, sous la conduite de chefs obscurs, Quatrepié et Carnier, pour chasser les Anglais des villes de la côte. Mal secondés par les troupes royales qui, la victoire obtenue, se mirent à piller leurs villages et les abandonnèrent ensuite, ils se firent exterminer par les Anglais sur les bords de la Dive. Les représailles furent si sanglantes que le pays en fut presque dépeuplé, d'après les vieilles chroniques.

Quoi qu'il en soit, un fait est positif : c'est que l'on commençait à s'occuper du sort des paysans et à réprimer les bandits qui les torturaient.

Dès 1413, aux États-Généraux du château Saint-Paul, à Paris, trois orateurs du clergé, Benoît Gentien, moine de Saint-Denis, le carme Eustache de Pavilly et l'abbé du Moutier Saint-Jean s'élèvent avec violence contre les « officiers à gros « gages », les gens de finances « mangeurs du peuple » et autres « mauvaises herbes et orties périlleuses du jardin « royal. »

Un peu plus tard, aux États-Généraux d'Orléans de 1439, Juvénal des Ursins, évêque de Beauvais, se fait à son tour l'écho de l'indignation de tous pour « les tyrannies qu'a souf- « fertes le pauvre peuple de France, par ceux qui le dussent « avoir gardé. »

Trente ans après, aux États de Tours en 1468, il revient sur le même sujet avec une incomparable vigueur d'éloquence : « Vos peuples sont tout détruits, appauvris de che- « vance, tellement qu'à peine ont-ils du pain à manger, pour « les excessives tailles qu'on leur met sus et par pilleries et « mangeries dont ils souffrent. » Il proteste contre les dilapidations des courtisans. « Hélas ! s'écrie-t-il, tout est du

« sang du peuple! L'on oste la pasture du pauvre commun, « et la rapine qu'on fait est en vos maisons! » Il s'indigne contre la « vuidange » qu'on fait de l'or français, qui s'en va au delà des monts, au profit de la cour de Rome, au mépris des libertés de l'Église gallicane.

Aux États de Tours de 1483, sous Charles VIII, le cahier des doléances du commerce insiste aussi sur la misère du peuple. « Le royaume, dit-il, est comme un corps qui a été « évacué de son sang par diverses saignées, et tellement que « tous ses membres sont vidés . » (1)

La principale cause de ce triste état de choses, c'était l'insécurité absolue des campagnes, « les vexations intolérables « et les rapines obstinées des gens de guerre, » comme disait le cahier du commerce.

Mais les nobles répondaient insolemment que « la liberté « n'était pas faite pour les vilains, » et l'un d'eux, le chevalier Philippe de Poitiers, poussait même l'audace jusqu'à répliquer brutalement, en pleine séance des États, aux députés du tiers qui insistaient pour que la noblesse prît sa part au fardeau de l'impôt : « Ordonnez que le peuple paie et ne « l'ordonnez qu'à lui! Aussi bien les nobles ne vous obéi« raient pas. Pour défendre l'État ils ont appris à donner, non « de l'argent, mais des coups de lance. » (2)

Le peuple continua donc à payer seul; n'était-il pas, selon l'expression du chancelier de France, « l'asne banal, ayant « bon dos pour toute espèce de charge? »

Toutefois l'on essaya de rendre un peu de sécurité aux campagnes.

(1) Voir dans Bonnemère. *Op. cit.*, t. Ier, p. 454.

(2) Charles Aubertin, *L'Eloquence politique en France avant* 1789. *Revue des Deux-Mondes*, 1er février 1880, p. 656.

Déjà Charles VII avait édicté plusieurs ordonnances contre les nobles bandits, leurs soudards et leurs valets, « cette coquinaille qui n'est bonne qu'à manger le pauvre « peuple ». Charles VIII et Louis XII l'imitèrent, et l'ordonnance sévère de Louis XII, en 1498, mit fin pour un temps aux pilleries des gens de guerre.

Désormais, les paysans n'étaient plus sans appui contre les rapines des seigneurs; l'ère des Jacqueries purement féodales était terminée. Les siècles suivants allaient en voir d'autres, où le fisc royal devient cette fois l'ennemi des paysans.

3° Les Jacqueries anglaises.

En Angleterre, les Jacqueries du XIVe siècle mêlent à la revendication des droits du paysan contre le seigneur cet esprit de religiosité et de mysticisme propre aux races anglo-saxonnes.

L'Angleterre était un pays d'hérésie; le denier de Saint-Pierre n'avait jamais pu s'y faire payer qu'avec peine, et dès les premières années du XIVe siècle, Walter Lollard y prêchait la réforme, et ses adhérents, les Lollards (1), se multipliaient, malgré les supplices, dans les couches profondes du peuple. Jean de Wiclif, originaire du petit village de Wiclif en Yorkshire, et plus connu sous le nom de Wiclef, reprit les idées de Lollard avec une audace et une largeur de vues qui en font le précurseur des Jean Hus et des Luther. Il attaquait le pape et la hiérarchie, demandait le partage des biens du clergé et

(1) Lollard, sans doute comme le surnom de Walter, de *lollen*, *lull*, réciter des prières, des chants de bereeuse.

portait un coup droit à l'Église romaine en traduisant la Bible en anglais (1374). Répandues dans les masses populaires, au moment où le grand schisme d'Occident commençait à surexciter les passions religieuses, les légendes égalitaires des livres sacrés y tombaient comme un ferment de révolte. Dieu lui-même devenait l'appui des revendications sociales des pauvres et des déshérités. De toutes parts se levaient des prédicateurs audacieux. John Ball, que Froissart appelle « un fol prêtre du « pays de Kent », Jack Straw ou Jacques la Paille parcouraient les campagnes suivis d'une foule innombrable qui chantait ces paroles menaçantes :

When Adam delv'd and Eve span,
Where was then the gentleman?

Quand Adam bêchait et qu'Eve filait, où donc était le gentilhomme?

Ces semences de révolte trouvaient un sol bien préparé : la minorité du roi Richard II, l'avidité de ses oncles mettaient l'Angleterre dans le même état d'anarchie où s'était trouvée la France après le désastre de Poitiers, où la plongeait encore en ce moment la tyrannie des « sires aux fleurs de lys. »

La situation des serfs, des bondes et des cotagers devenait intolérable; on les vendait comme des choses « avec toute « leur sequelle née ou à naître, » on les accablait d'impôts sans nombre.

Exaspérées par tant de maux, exaltées par les doctrines de Wiclef, les vieilles communautés paysannes commencèrent à s'ébranler. « Il ne faut plus qu'il y ait des serfs! » s'écriaient les paysans du Kent et de l'Essex, moins domptés que les autres sous le joug féodal. « Nous ne voulons plus être traités

« comme bêtes, et si nous travaillons pour les seigneurs, que « ce soit avec un salaire ! »

En même temps circulaient de petits pamphlets de John Ball, tels que celui-ci : « John Ball vous salue tous et vous « fait savoir qu'il a sonné votre cloche. A l'œuvre donc ! « Prudence et constance, effort et accord ! Que Dieu donne « hâte aux paresseux. Tenez-vous bravement ensemble et « secourez-vous fidèlement. Quand la fin est bonne tout est « bien ! *If the ende be well, then is all well !* »

Il ne fallait plus qu'une étincelle pour allumer l'incendie. L'étincelle partit en 1381 du village de Dartford, en Kent, et dans un moment embrasa tout le sud de l'Angleterre.

Une capitation de douze sous ou trois groats venait d'être établie sur toute personne au-dessus de quinze ans. Sous prétexte de s'assurer de l'âge, les collecteurs royaux faisaient subir mille vexations aux paysans et ne craignaient même pas de soumettre les jeunes filles à l'examen le plus outrageant. Un jour qu'ils s'étaient présentés à Dartford chez un laboureur du nom de Wat Tyler, Gautier le Tuilier, l'un d'eux porta la main sur les vêtements de sa fille. Indignée de cette insulte, la femme du Tuilier appela son mari, qui travaillait au dehors. Wat rentra et, d'un coup de marteau, étendit l'insolent mort à ses pieds.

Les paysans coururent aux armes ; en quelques jours Kent, Norfolk, Suffolk, Essex, Sussex furent en feu.

« Allons au roi, disaient les insurgés, allons au roi qui est « jeune, et montrons-lui notre servitude. Allons-y ensemble ! « Quand il nous verra, nous en obtiendrons quelque chose de « bonne grâce, ou bien nous userons d'autres remèdes. »

Ainsi parlaient ces laboureurs dans leur naïve confiance, et bientôt ils se trouvaient réunis au sud de Londres, dans la bruyère de Blackheath, au nombre de soixante mille, répétant leur terrible chanson : « When Adam delv'd and Eve span, where was then the gentleman ? »

Sur leur route, ils brûlaient les châteaux des nobles et les maisons des légistes ; mais, comme le fait observer Augustin Thierry (1), ils s'abstenaient avec soin de tout pillage et de toute tuerie.

Le roi avait seize ans. Il essaya de parlementer et s'embarqua sur la Tamise pour venir les trouver; mais les hurlements sauvages de ces « ribauds sans chausses » l'effrayèrent, il rebroussa chemin sans les avoir vus.

Allons à Londres ! s'écrièrent les révoltés, et, conduits par Wat Tyler, ils entrèrent dans la ville, où le petit peuple les reçut avec joie. Maîtres de la Cité, les paysans tournèrent leur fureur contre ceux qu'ils accusaient de tous leurs malheurs; des conseillers royaux furent massacrés dans la boue des ruisseaux. Les banquiers flamands et lombards ne furent pas épargnés non plus, et l'hôtel du duc de Lancastre, la *Savoie*, fut incendié. Cependant, de l'aveu de Froissart, là encore aucun pillage n'eut lieu.

Cerné dans la Tour, le roi Richard finit par donner rendez-vous aux paysans à Miles-End, hors de la ville. Confiants dans la parole royale, la plupart s'éloignèrent et le roi s'échappa avec ses principaux barons. Mais quand ils furent sortis, la populace, aidée des paysans restés en ville, se rua sur la Tour et y massacra le trésorier et l'archevêque de Canterbury, dont la tête, fixée à un clou par la barrette, fut promenée dans Londres sur la pointe d'une pique.

Pendant ce temps, le gros de l'armée des paysans exposait à

(1) AUGUSTIN THIERRY. *Op. cit.*, t. IV, p. 316.

Miles-End ses demandes au roi : Abolition du servage, liberté du commerce, réduction des redevances à un taux uniforme, amnistie.

Pressé par la nécessité, Richard promit de faire bon accueil à ces réclamations, à condition que les paysans se retirassent; et des chartes d'affranchissement furent immédiatement rédigées et envoyées dans tous les villages. Le plus grand nombre des révoltés crurent naïvement à la parole royale et se dispersèrent. Seuls, Wat Tyler et John Ball, qui flairaient un piège, ne voulurent pas quitter Londres, y rallièrent quelques milliers d'hommes et demandèrent une nouvelle entrevue pour obtenir des concessions plus précises et des garanties d'exécution.

L'entrevue eut lieu le 15 juin 1381, à Smithfield. — Que celui qui doit parler avance, fit dire le roi aux paysans. — C'est moi ! répondit Wat Tyler, et quittant les siens, il poussa hardiment son cheval jusque près de celui de Richard et exposa avec fermeté au roi que le peuple voulait des garanties et la spécification des conséquences naturelles de l'affranchissement, telles que la liberté du commerce et le droit de chasse en forêt et en plaine, dont la conquête avait dépouillé les hommes de race saxonne (1).

Richard hésitait à répondre. Wat Tyler se mit à jouer avec son épée d'une manière menaçante. Le maire de Londres, William Walworth, se jeta sur lui et le frappa de sa masse d'armes. Tyler fut renversé à bas de son cheval, et l'écuyer normand Philipot lui troua la poitrine d'un coup d'épée.

Les insurgés, ne voyant plus leur chef, commencèrent à s'agiter et à bander leurs arcs. — Ils ont tué notre capitaine, s'écrièrent-ils; allons et tuons tout!

(1) Augustin Thierry. *Op. cit.*, t. IV, p. 324.

En ce pressant danger, le jeune roi fit preuve, s'il faut en croire les chroniqueurs, d'autant de sang-froid que de courage. S'avançant seul au-devant des paysans, il leur cria en anglais. — « Seigneurs! que vous faut-il? Vous n'avez d'autre « capitaine que moi. Je suis votre roi, tenez-vous en paix, « suivez-moi aux champs et je vous donnerai ce que vous « demandez. »

Les paysans étonnés le suivirent; mais pendant ce temps la noblesse et la grande bourgeoisie s'armaient, et dix mille hommes, sous les ordres de Robert Knowles, sortirent bientôt de Londres à la rencontre des insurgés. Quand Richard les aperçut, il piqua des deux, se jeta dans leurs rangs et laissa massacrer, par ses gens d'armes, les pauvres paysans qu'il venait d'appeler ses enfants!

C'est ainsi que par son courage et son astuce, ce roi de seize ans dispersa la plus redoutable révolte de paysans qui ait ébranlé le trône d'Angleterre et que, selon son expression, « il recouvra son royaume. »

Comme toujours, les représailles furent sanglantes; les assassins de Wat Tyler furent créés chevaliers et les insurgés traqués comme des bêtes fauves. John Ball et Jack Straw furent décapités avec quinze cents de leurs amis, et quant à ces belles chartes d'affranchissement, traître à sa parole royale, Richard II s'empressa de les révoquer par des lettres aux shérifs, maires et baillis, comme ayant été données « sans « mûre délibération et sur importunité des insurgés ». Après quoi, le juge du ban du roi, Robert Tresilyan, se mit à parcourir les villages avec de la cavalerie, brûlant les chartes et sévissant contre les fauteurs de la révolte avec un luxe de tortures vraiment inouï, que Jeffreys lui-même ne devait pas égaler plus tard, lors de la révolte de Monmouth.

Cela fait, un Parlement fut réuni pour donner son avis sur les chartes octroyées. « Dieu nous garde, répondirent les « barons, de souscrire à de telles chartes, dussions-nous « périr ; nous aimerions mieux perdre la vie que nos héri- « tages. »

Telle fut la fin de la guerre des paysans de 1381 en Angleterre. Le peuple des villes semble leur avoir été sympathique ; s'ils périrent, c'est que là, comme ailleurs, ils ne parvinrent pas à se donner cette discipline, cette unité dans l'effort qui seule fait réussir les grands mouvements sociaux.

D'après Augustin Thierry, la révolte de 1381 est la dernière dans laquelle l'idée saxonne joua encore un certain rôle (1) ; désormais, d'autres mobiles allaient se mêler à la notion simple de l'égalité des citoyens dans le droit national.

C'est ce que nous voyons, par exemple, lors de la grande prise d'armes de l'Irlandais John Cade en 1450, ce sanglant prologue de la guerre des Deux-Roses. John Cade se faisait passer pour Jean Mortimer, qui était parent du duc d'York et qu'on venait de décapiter illégalement. Bientôt vingt mille paysans du pays de Kent furent réunis sous ses drapeaux, et comme Wat Tyler, il vint camper dans la bruyère de Blackheath. Delà, il adressa au Parlement une longue requête dans laquelle il se plaignait de ce que les taxes étaient trop lourdes et les élections des membres de la Chambre des communes, fictives ; il demandait, en outre, et ceci nous prouve que nous sommes en présence d'une réaction contre la grande propriété, qu'on abattît les clôtures dont les *landlords* entouraient leurs domaines et qu'on rendît à la charrue les *latifundia* déserts.

(1) Augustin Thierry. *Op. cit.*, t. IV, p. 335.

Mais l'intérêt personnel se mêlait à ces griefs ; John Cade insistait pour qu'on rappelât le duc Richard d'York, injustement tenu loin de la cour. Vainqueur des troupes de Marguerite d'Anjou, il pénétra dans la Tour et y fit décapiter lord Say, l'un des principaux conseillers d'Henri VI. Mais ses bandes, mal organisées, ne tardèrent pas à se livrer au pillage ; les bourgeois de Londres les chassèrent, et Cade fut pris et décapité.

L'insurrection de Cade peut être considérée comme le dernier des grands mouvements de paysans en Angleterre. La guerre des Deux-Roses, en broyant la haute noblesse, allait desserrer les liens du bondage, et si les paysans prennent encore les armes, leur cause se confond plus ou moins avec les intérêts nationaux.

En un mot, comme le dit déjà Augustin Thierry à propos de la révolte de Tyler, « les rébellions de paysans qu'on vit « éclater par la suite n'eurent plus le même caractère de sim- « plicité dans leurs motifs, de précision dans leur objet. »

4° Les Jacqueries bohêmes et la guerre des Hussites.

Comme en Angleterre, la grande Jacquerie des paysans bohêmes fut un mélange d'exaltation religieuse, de réaction contre la féodalité et de revendications nationales.

La Bohême et la Moravie, pays slaves, se trouvaient au XIVe siècle en proie à deux grands maux : d'une part, la germanisation du pays commencée par les premiers Habsbourg à partir de la sanglante bataille de Marchfeld (1278), y remplaçait lentement le vieux système égalitaire des clans par le régime féodal sous des maîtres allemands; d'autre part, le schisme d'Occident et la corruption du clergé y semaient des germes de révolte religieuse.

Dès le règne de Charles IV, l'Allemand Conrad Waldhauser et le Morave Militch avaient attaqué les moines et les prêtres. Jean de Husinec ou Jean Hus reprit leur thèse sous le règne de Vacslav ou Wenceslas de Luxembourg, et comme Wiclef, son maître, rendit la Bible accessible à tous, en la traduisant en tchèque. Chassé de Prague, il se mit à parcourir les campagnes, attaquant la papauté et soulevant l'esprit national contre l'oppression allemande. Cité devant le concile de Constance, on sait comment, malgré le sauf-conduit de l'empereur Sigismond, il fut brûlé vif comme hérétique en 1415. Son disciple favori, le fougueux Jérôme de Prague, eut le même sort l'année suivante.

Mais si le maître n'était plus, ses doctrines restaient et, répandues dans tout le corps social, elles allaient y provoquer l'une des plus sanglantes guerres dont fasse mention l'histoire de l'humanité, une guerre dont les effets se font encore sentir aujourd'hui après quatre cents ans.

Parmi les idées de Hus, il en était une qui, développée par son disciple Jakoubek de Stribro, devait avoir un succès extraordinaire à cause de son caractère égalitaire : la communion sous les deux espèces, pour le laïque comme pour le prêtre. Aussi le Calice devint-il bientôt le signe de ralliement des Hussites et leur donna-t-on le nom de Calixtins ou d'Utraquistes.

Mais si les seigneurs bohêmes et la bourgeoisie se contentaient d'une réforme religieuse, les masses rurales allaient beaucoup plus loin. Rassemblés sur une montagne près de la ville d'Ousti (Aussig) sur l'Elbe, montagne à laquelle ils donnèrent le nom biblique de Tabor, les paysans proclamaient l'abolition de tout clergé et la communauté des biens, conformément aux vieilles coutumes slaves. Ces Hussites radicaux reçurent le nom de Taborites et formèrent bientôt la tête du parti.

La défenestration de Prague, en 1419, fut le signal de la guerre des Hussites, deux siècles avant cette seconde défenestration qui devait inaugurer la guerre de Trente ans. Le peuple, mécontent des nouveaux échevins nommés par Vacslav, envahit l'hôtel de ville sous la conduite d'un chevalier de Trocnov, Jean Zizka et jeta les échevins par les fenêtres.

Quelques jours après, Vacslav mourait et l'ordre de succession appelait à sa place, pour gouverner les Bohêmes, son frère, l'empereur d'Allemagne, roi de Hongrie, Sigismond, celui-là même qui avait laissé lâchement brûler Jean Hus.

Aussitôt la Bohême se soulève sous la direction du borgne Jean Zizka, de Nicolas de Hus et du prêtre Procope le Chauve; les églises sont pillées, les Allemands et les nobles attaqués et chassés. Vainement Sigismond fait-il prêcher la croisade contre les Hussites : retranchés sur le mont Tabor, les paysans bohêmes s'arment de massues et de fléaux garnis de fer, et mettent en mouvement leurs redoutables chariots de guerre aux roues entourées de faux. A la tête de cette armée barbare, mais cimentée par une discipline rigide, Zizka marche sur Prague, se retranche sur le mont Vitkov et force cent mille croisés allemands à lever le siège de la capitale (1420).

Les succès des Taborites rapprochèrent d'eux les simples Utraquistes; partout les Allemands furent chassés et les Hussites réunis à Caslav proclamèrent la déchéance de Sigismond, la sécularisation des biens du clergé et la communion sous les deux espèces.

L'imminence du danger rassembla les princes allemands, et deux cent mille croisés inondèrent de nouveau la Bohême. Mais le farouche Jean Zizka, bien que devenu aveugle, les mit de nouveau en déroute; Sigismond ne fut pas plus heureux. Zizka tailla en pièces ses quatre-vingt mille hommes, que commandait le condottiere Pipa le Florentin, à Nemecky-Brod, sur les bords de la Sazava (1422).

La mort du terrible aveugle vint malheureusement renouveler les dissensions entre les Taborites modérés ou Sirotci (orphelins), qui se rapprochaient des purs Utraquistes, et les exaltés qui rêvaient un bouleversement social, et dont quelques sectes bizarres abolissaient le mariage et retournaient à la nudité et à la bestialité primitives, les Adamites par exemple (1).

Un ancien prêtre, Prokop Holy (le Rasé), plus connu sous le nom de Procope le Grand, parvint cependant à dominer toutes ces dissensions et à reprendre l'œuvre de Jean Zizka. Ses terribles chars de guerre écrasèrent une fois de plus les Allemands à Ousti (1426); et les Hussites se ruèrent comme un torrent sauvage sur la Hongrie, la Moravie, la Silésie, la Misnie, la Saxe et la Franconie, ravageant les terres, brûlant des milliers de villages, saccageant plus de soixante-dix villes, semant partout la terreur et la mort.

Toute l'Europe occidentale s'émut; comme aux jours de Roosebeeke, un souffle de colère et d'espérance passa sur les masses populaires. Le pape et l'empereur décidèrent une nouvelle croisade : elle vint se briser à Domazlice (Taus) contre

(1) Voir, sur les Adamites et les Picards de Bohême, l'ouvrage cité de M. Auguste Jundt, *Histoire du Panthéisme populaire au moyen âge*, pp. 116 et 117.

les quarante-cinq mille soldats et les deux mille cinq cents chars de guerre de Procope le Grand.

Cependant, les Hussites s'épuisaient par leurs victoires mêmes ; un ramas d'aventuriers, de bandits et de visionnaires accouraient de toute l'Europe grossir les bataillons de Procope et les corrompre. La Bohême elle-même n'offrait plus de sécurité pour personne. Le concile de Bâle essaya de rétablir la paix ; Procope parut devant l'assemblée et l'on rédigea un projet de transaction sous le nom de *Compactata ;* mais les Taborites refusèrent de l'accepter, et la guerre civile, depuis longtemps latente, finit par éclater entre eux et les Utraquistes réunis aux catholiques. Les deux partis se rencontrèrent à Lipany, près de la ville de Cesky-Brod (le gué des Tchèques), (1434). D'abord vainqueurs, les Taborites, ayant commis l'imprudence de quitter l'enceinte de leurs chariots, furent taillés en pièces. Procope le Grand resta parmi les morts avec seize mille de ses soldats.

Le gué des Tchèques était devenu la tombe de leur nationalité.

Les *Compactata* furent acceptés, Sigismond rentra dans Prague, la germanisation reprit son œuvre et le servage de la glèbe enchaîna lentement la classe rurale.

Quant aux débris des Taborites, ils se réfugièrent dans les montagnes de la Moravie et fondèrent la confrérie de Kunwald, plus connue bientôt sous le nom d'Union ou d'Unité des frères bohêmes, de Picards (1) ou de Frères moraves. En moins d'un demi-siècle, cette secte, qui devait son organisa-

(1) Picards, peut-être corruption de Béghards, de *beggen*, mendier, l'un des noms de la fameuse et mystérieuse secte religieuse des XIIIe et XIVe siècles, *les Frères du libre esprit*. Voir JUNDT. *Op. cit.*, pp. 43 et sq.

tion à un pauvre gentilhomme, le frère Grégoire, comptait plus de deux cents confréries en Bohême et en Moravie. Cette nouvelle incarnation des Hussites était aussi paisible que la première avait été violente : les frères moraves répudiaient l'emploi des armes, pratiquaient une morale austère et sanctifiaient le travail. Proscrits par Vladislas Jagellon, vers la fin du XVe siècle, ils continuèrent à subsister en secret et se répandirent dans tout le nord de l'Europe, depuis la Hollande et l'Écosse jusqu'en Pologne.

On les retrouve plus tard, chaque fois que certains hommes essaient de réaliser le rêve d'une société paisible et fraternelle, avec les anabaptistes de Hutter et de Scherding, en 1527, avec les Hernhuters de Lusace au XVIIIe siècle, et c'est ainsi qu'ils parviennent jusqu'à nous, comme un écho pacifique et charmant d'une des plus sanglantes guerres de paysans dont fasse mention l'histoire.

8° Les Jacqueries flamandes.

Les Jacqueries flamandes du XIVe siècle ont, comme celles de Bohême, quelque chose d'héroïque, qu'elles doivent à leurs inspirations patriotiques. C'est qu'en effet ici, comme en Bohême, le paysan était resté en grande partie libre (1), et que le servage et les abus féodaux voulaient y pénétrer sous les drapeaux de l'étranger. De là l'alliance des petites gens

(1) Nul seigneur sans titre, disait la coutume. Toute terre était présumée *alleu*. Voir à ce sujet DEFACQZ, *Ancien droit belgique*, t. II, pp. 76 et sq., et t. Ier, pp. 250 et sq.

des villes avec les campagnes ; tous sont *Klauwaerts*, car tous ont le même ennemi, les classes privilégiées, grands bourgeois ou gentilshommes, les *Leliaerds*.

Il y avait pourtant des serfs en Flandre comme ailleurs ; toutefois, leur condition se rapprochait de celle des tributaires payant un cens personnel et des taxes en cas de mariage et de mort, mais dont au moins la personne, les biens et la liberté étaient garantis avec soin (1).

Ce qui manquait le plus aux populations rurales, c'était l'argent ; aussi, les paysans libres vendaient souvent leurs terres, afin de se procurer un capital, et les reprenaient ensuite des mains de l'acheteur en bail emphytéotique, ce qui les engageait lentement dans l'engrenage du système féodal.

Du reste, le pays était pauvre encore, couvert de jachères, de marais et de bois, parsemé de *moers*, inondé à chaque instant par la mer qui pénétrait à travers des digues trop faibles, infesté par les fauves et les loups. Des huttes de torchis, souvent de vraies tanières, telles étaient les demeures des paysans, et leur nourriture est caractérisée par le chant des Kerels, *Wronglen, wey, broot ende caes*, du pain et des laitages, parfois aussi de la chair salée de porc, de la bière et des légumes.

Ce misérable état eût été supportable sans les abus infinis de la féodalité : dîmes d'église, aides royales ou princières, charges seigneuriales.

Sans doute, des chartes rurales commençaient à régler la position des villageois, telles les *landkeuren* de Jean Ier (1292) et de Jean II (1312), qui consolidaient les échevinages

(1) VANDERKINDERE. *Op. cit.*, p. 250.

ruraux du Brabant et fixaient les règles de la procédure (1); sans doute aussi, l'existence des communautés de villages permettait aux paysans de payer plus facilement les taxes, en répartissant les tailles entre tous les communistes, par le moyen de leurs *bedezetters* ou taxateurs (2).

Mais, en Flandre comme ailleurs, la force brutale brisait ces barrières. « Par-dessous l'armure faussée des chevaliers, « dit M. Vanderkindere, on pouvait reconnaître les appétits « grossiers d'une soldatesque dégénérée. » (3)

Aussi un levain de révolte commençait-il à fermenter dans les masses. « Ce sont les agriculteurs, s'écrie Boendale, qui « fournissent le nécessaire à la vie, et cependant ils n'ont rien « eux-mêmes. A peine possèdent-ils une chemise, et il leur « faut travailler du matin au soir. » — « Le monde se passe- « rait de cardinaux, d'évêques, de moines, de seigneurs et de « chevaliers, plutôt que de laboureurs et de marchands. » (4)

« Il n'est pas bon, disaient les paysans du Franc, que les « nobles aient des demeures fortifiées au milieu des villages. » La guerre aux châteaux germait.

La grande journée de Courtrai (1302) précipita la crise. On avait vu les Francons, irrités de la tyrannie que Jacques de Châtillon avait voulu exercer sur eux, se grouper dans les champs de Groningue, demi-nus et armés du *schram-sax* et de la massue nationale, autour du descendant d'un des chefs

(1) Voir, sur les chartes rurales, les curieux détails que donne M. Poullet. *Op. cit.*, p. 214, et, sur les institutions locales des villages, p. 365.

(2) Ces *bedezetters* persistèrent jusqu'à la Révolution. Voir Edmond Poullet, *Les Constitutions nationales belges*, p. 339, et De Facqz, *Ancien droit belgique*, t. II, pp. 230 et 250.

(3) Vanderkindere. *Op. cit.*, p. 260.

(4) Vanderkindere. *Op. cit.*, pp. 259 et 262.

des *Blauvoets*, Eustache Sporkin, et abattre dans le *Bloedmeersch*, sous leurs *goedendags*, des milliers de gentilshommes.

Le bruit de la bataille des Éperons d'or retentit dans toute l'Europe. Toulouse, Bordeaux, Florence, Bologne, Mantoue, Parme, Vérone s'ébranlèrent, et jusque dans les montagnes de l'Helvétie les échos de Morgarten répondirent au triomphe de Courtrai.

La West-Flandre tout entière se retrouva debout comme aux jours de Cassel et des *Blauvoets*. Les intrigues des *Leliaerds*, le honteux traité d'Athies, les démêlés avec les papes français et les excitations de mille sectes religieuses socialistes, telles que les Béghards, les Turlupins, les Frères du libre esprit, les Hommes de l'intelligence, augmentèrent l'audace des *Flamings*. La livraison du bailliage des eaux de l'Écluse à Jean de Namur par Louis de Nevers fit éclater la révolte.

Bruges se soulève en 1323 et enferme le comte de Namur dans le Steen, tandis que Louis de Nevers se sauve en France. Cet indigne souverain, qui se donnait pour favoris des baladins comme le nain Johannot et le valet d'écurie Jean Gheylinx (1), laissait en partant le gouvernement à un Français, le sire d'Aspremont, qui se mit à parcourir le plat pays avec des bandes de chevaliers *Leliaerds*, pillant et ravageant les villages, traquant les Kerels comme des bêtes fauves. « Cruelles « sont les mœurs des Karls, répétaient-ils ; mais nous sau- « rons les châtier, nous lancerons nos chevaux dans leurs « campagnes, nous les traînerons sur la claie, nous les sus- « pendrons au gibet. Il faut qu'ils ploient devant nous. »

Les Kerels répondirent à ces violences en se levant à la fois dans tout le *Fleanderland* en 1324, et se groupèrent par com-

(1) Kervyn de Lettenhove. *Op. cit.*, t. II, p. 102.

munautés de villages autour de leurs chefs, Lambert Baldwyn à Ardenbourg, Sohier Janssone à Ghistelles, Walter Ratgheer et Lambert Bockel dans les Quatre-Métiers, Jacques Peyt et Nicolas Zannequin dans le pays de Furnes et de Bergues (1). Le vieil instinct de liberté farouche et de paganisme des races saxonnes reparaissait une fois de plus, comme aux jours de Charles le Bon. Jacques Peyt se vantait de ne jamais entrer dans une église et souhaitait qu'il n'y eût plus au monde qu'un seul prêtre, pour avoir le plaisir de le pendre. Dans le territoire de Bergues, il interdisait de payer les rentes aux clercs et mettait au ban de la communauté quiconque leur rendrait le moindre service (2).

Mais le plus fameux de tous ces chefs, c'était Zannequin, le plus puissant des Kerels, qui l'adoraient comme un dieu. Apôtre infatigable de la liberté de son pays, ce vaillant homme parcourait le *Fleanderland* en soulevant les populations par le souffle de sa parole ardente. Précurseur des Artevelde et des Marcel, il voulait relever le paysan en s'appuyant sur la bourgeoisie et sur les aspirations nationales. Bruges, Thourout, Roulers, Poperinghe, Nieuport, Furnes, Dunkerque, Cassel, Bailleul et tout le plat pays furent bientôt ligués contre les *Leliaerds*.

Le comte Louis, effrayé, essaya de temporiser; mais l'assassinat d'un laboureur de Furnes par un chevalier ralluma la guerre; le sang coula à flots, les châteaux et les églises furent brûlés, les nobles et les prêtres égorgés. Une maladresse du comte étendit encore l'incendie : Il avait arrêté à Courtrai six

(1) Tous ces noms sont d'origine saxonne; par exemple : *Rat-gheer*, rapide vautour; *Bock-el*, bélier puissant.

(2) VANDERKINDERE. *Op. cit.*, p. 263.

bourgeois de Bruges et fait brûler les faubourgs pour se protéger contre toute agression de leurs concitoyens. La flamme, chassée par le vent, se communiqua à la ville elle-même, et les Courtraisiens furieux se soulevèrent à leur tour, massacrèrent les chevaliers *Leliaerds* et livrèrent le comte aux gens de Bruges, qui le ramenèrent dans leurs murs sur un petit cheval et l'enfermèrent aux Halles. Quant à ses conseillers, aux massacreurs des laboureurs de Furnes et de Ghistelles, ils furent défenestrés (1325). Après quoi, l'oncle du comte, Robert de Cassel, fut nommé *Ruwaert,* et Ypres elle-même se rangea sous les drapeaux de Zannequin.

Gand aurait suivi cet exemple si Jean de Namur et les *Leliaerds* n'avaient pris les devants en expulsant trois mille tisserands, qui coururent se joindre aux Kerels.

Ceux-ci triomphaient, quand le roi de France, inquiet, fit mettre la Flandre en interdit ; bientôt après, les *Leliaerds* gantois écrasèrent à Assenede l'armée des Quatre-Métiers commandée par Bockel et Ratgheer, qui périrent dans la mêlée.

Cet échec sema la division dans les rangs des insurgés ; Bruges remit le comte en liberté après huit mois de détention, et, par la paix de Saint-Omer, les Flamands s'obligèrent à construire une Chartreuse à Courtrai, à rebâtir les églises détruites et à envoyer des pèlerins à Saint-Jacques de Galice, à Notre-Dame de Rochemadour et autres lieux de pèlerinage.

Les Kerels se retirèrent dans leurs marais et leurs bois. L'avènement de Philippe de Valois (1328), qu'appuyait la grande noblesse, ralluma l'incendie ; la ligue des paysans se reforma aussitôt jusque dans le Brabant, et les communes du nord de la France elles-mêmes commencèrent à s'agiter.

Le roi et le comte résolurent d'en finir : l'oriflamme fut déployée. Quand l'armée royale, forte de quarante mille hommes, quitta Arras, cent soixante-seize bannières y flottaient au vent, et l'on y trouvait les ducs de Bourgogne, d'Autriche, de Bretagne, de Lorraine, de Bourbon, le roi de Navarre, les comtes d'Alençon, de Bar, de Savoie et de Hainaut, la fleur de la chevalerie. Aussi bien n'était-ce pas un nouvel et colossal effort de la féodalité européenne contre les communes et les campagnes ?

Comme autrefois à Courtrai, comme plus tard à Roosebeeke, comme à Gavre, c'est sur la terre de Flandre que devait avoir lieu ce gigantesque duel de deux principes.

Nicolas Zannequin occupait le mont Cassel avec dix mille Kerels, auxquels s'étaient joints Sohier Janssone et six mille combattants. Seize mille paysans contre quarante mille soldats féodaux, dont la moitié étaient couverts de fer : la partie n'était pas égale, et Zannequin eût bien fait d'attendre les milices d'Ypres et de Bruges qui s'armaient pour le secourir. Mais les fiers paysans saxons se croyaient invincibles. Pendant trois jours ils restèrent immobiles sur les hauteurs inexpugnables du mont Cassel, assistant d'un œil stoïque à la dévastation de leur pays que brûlaient les Français.

Ce calme étrange endormit la vigilance de l'armée féodale. Certains alors de la surprendre, le 23 août 1328, vers 3 heures, à l'instant où les barons se reposaient, accablés par la chaleur ou « allaient de tente en l'autre pour eux déduire en « leurs belles robes », les Kerels se précipitèrent comme un torrent du haut de la montagne, en trois batailles, et se ruèrent sur le camp français.

L'attaque fut si vive, que le roi lui-même faillit être pris. Mais le premier moment de stupeur passé, les Français se rallièrent et les Kerels furent enveloppés par leur masse compacte. Rangés en cercle autour de Zannequin, la massue à la main, l'épieu dirigé contre le poitrail des chevaux, ils se défendirent comme des lions et tombèrent tous à leur poste de combat. « Oncques des seize mille Flamands qui morts « demeurèrent, dit Froissart, n'en recula un seul que tous ne « furent morts et tués en trois monceaux, l'un sur l'autre, « sans issir de la place là où chacune bataille commença. »

Ainsi finit, enveloppée des plis du drapeau national, cette race héroïque des Kerels, qui pendant dix siècles avait défié tous les despotismes et qui attend encore son historien. Le désastre de Cassel termine glorieusement l'épopée saxonne.

La réaction fut terrible : le Franc de Bruges fut décimé ; Lambert Baldwin mourut sur la roue, avec Jean de Dudzeele et Goswin d'OEdeghem ; Guillaume Dedeken, ancien bourgmestre de Bruges, fut écartelé et pendu à Montfaucon; tous les biens des combattants de Cassel furent confisqués, les villes et bourgs de la West-Flandre écrasés d'amendes, les villages rasés.

Cependant, les débris de l'insurrection s'agitaient encore; Sohier Janssone, l'un des rares survivants du désastre de Cassel, arriva de Zélande à Ostende avec deux cents bannis et marcha sur Bruges dans l'espoir d'y soulever les *Klauwaerts*. Mais le bailli de Bruges le prévint ; il courut à la rencontre de Janssone, l'attaqua près d'Oudenbourg, non loin de l'abbaye fondée jadis par saint Arnould pour contenir les Kerels. Écrasée par le nombre, cette poignée de héros fut anéantie ; vingt-deux d'entre eux, parmi lesquels Janssone, tombèrent vivants aux mains des *Leliaerds*, qui les promenèrent nus dans Bruges, les brûlèrent au fer rouge, les rouèrent, les décapitèrent et les pendirent enfin à une haute potence, là même où ils avaient combattu.

Ce fut le dernier soupir de la Jacquerie flamande de 1324.

Comme le dit M. Vanderkindere (1), « la féodalité avait pris « sa revanche. Elle était définitivement maîtresse de cette « région, la terre nourricière des vrais Flamands primitifs, « et elle l'imprégna si bien de ses tendances mortelles au pro- « grès que, depuis lors, la politique des grandes communes « ne trouva plus de ce côté qu'une perpétuelle hostilité. »

Celles-ci, d'ailleurs, par leur jalousie et leur égoïsme, se joignaient à la noblesse pour accabler les paysans. C'est ainsi que nous voyons, en 1342, Louis de Nevers, interdire, en faveur des Brugeois, de fabriquer et vendre du drap dans toute l'étendue du Franc. Les paroisses du Franc ne pouvaient conserver qu'un seul métier et ne devaient fabriquer que le drap nécessaire à leur propre usage, à l'aide de leurs propres laines. C'est ainsi encore qu'à chaque instant les grandes communes font des expéditions pour détruire les métiers des localités voisines. Nous voyons enfin les bourgeois exiger le droit d'issue pour tous les biens sis dans l'échevinage et passant à un étranger, et les habitants du plat pays en user de même pour les bourgeois (2).

Ce n'est pas à dire pourtant que les paysans ne prirent plus aucune part aux guerres de l'indépendance nationale ; mais ils n'y parurent plus que comme auxiliaires, entraînés dans l'orbite des grandes communes.

La peste noire, les famines et l'anarchie du règne de Louis de Male pesèrent lourdement sur les classes agricoles, et les nobles *Leliaerds* en profitèrent pour augmenter leurs brigandages. Ceux-ci étaient parfois si grands que les villes ellesmêmes prenaient la défense du paysan, par exemple lors de

(1) Vanderkindere. *Op. cit.*, p. 265.

(2) Voir, sur ces faits, Vanderkindere. *Op. cit.*, pp. 265 et sq.

l'aventure de ce pauvre laboureur de Menin, que les sires Josse et Gauthier d'Halewyn avaient obligé de se sauver, la nuit, en plein hiver, au milieu des glaçons de la Lys, où ils l'avaient criblé de blessures. Gand, Bruges et Ypres citèrent les d'Halewyn devant elles, « considérant qu'aucune justice « n'était faite des grands crimes et que les pauvres n'avaient « aucun moyen de maintenir leurs droits contre les hommes « puissants, » et les deux bandits furent décapités par ordre des bonnes villes, sur la place publique de Courtrai (1).

Quelquefois, cependant, les paysans apparaissaient encore, par exemple dans la grande guerre de la fin du siècle qui devait aboutir à Roosebeeke. La victoire de Beverhoutsveld ranima l'espérance dans le cœur des populations rurales ; les gens du Franc s'ébranlèrent enfin, comme au temps de Zannequin, et coururent se ranger sous la bannière de Philippe Van Artevelde. On les retrouve à Roosebeeke avec leurs armes traditionnelles, leurs grands couteaux et leurs épieux, marchant en colonne serrée, les bras entrelacés. Certes, dans cet immense carnage de Roosebeeke, parmi ces trente ou soixante mille cadavres entassés sur la terre boueuse, bien des paysans devaient se trouver couchés à côté des artisans des villes.

Ce sont les campagnes qui supportèrent de nouveau les frais de la guerre : les grandes compagnies bretonnes n'ayant point reçu leur solde, se payèrent sur le pays, ravageant et tuant ; Charles VI lui-même fit brûler Courtrai et vendre les habitants, hommes, femmes et enfants, « par manière de servage. »

Les querelles religieuses des Urbanistes et des Clémentins exaspérèrent encore le mal ; les chefs populaires Ackerman,

(1) Kervyn. *Op. cit.*, t. II, p. 210.

Vandenbossche et De Wintere relevèrent l'étendard du Lion, et cent mille Français inondèrent la Flandre, armés en croisade comme au temps des Albigeois.

Le pays des Quatre-Métiers devint un désert ; maisons, arbres, récoltes, tout fut détruit, rasé, anéanti. La Flandre, épuisée, s'effondrait dans l'anarchie. La guerre devenait une guerre sociale ; réfugiés dans les bois de la Raspaille, entre Renaix et Grammont, les paysans chassés de leurs terres, ces « pourcelets de la Raspaille », comme disaient les Bourguignons, recommençaient la vieille guerre des *out-laws* et des hommes des bois, se jetaient sur les châteaux et les églises, rendant le mal pour le mal, disant comme les Jacques de France : « Ne nous chault que nous deviendrons ! Faisons le « pis que nous pourrons ! »

Mais telle était l'énergie, la puissance du patriotisme de ces Flamands du XIVe siècle, que rien ne pouvait les dompter. Quand, après la dévastation des Quatre-Métiers, Charles VI fit comparaître devant lui, dans le petit village d'Artevelde, quelques malheureux paysans enchaînés et qu'il les engagea à se soumettre en leur promettant la vie, leur chef, vieux géant dans lequel revivait le farouche héroïsme des anciens âges, répondit fièrement au Valois par ces paroles, qui valent bien celles de Léonidas aux Thermopyles : « C'est inutile, quand « même le roi ferait mettre à mort tous les Flamands, leurs « ossements se lèveraient encore contre les Français. »

Ces paysans étaient vingt-quatre, d'une même famille ; ils moururent le sourire aux lèvres, le front serein, comme ces *Flamings* et ces *Danes* qui, huit siècles plus tôt, nous dit M. Kervyn, « saluaient dans leurs chants les gloires du cou« rage et les joies du trépas ».

Pour avoir raison de cette résistance obstinée, le duc de

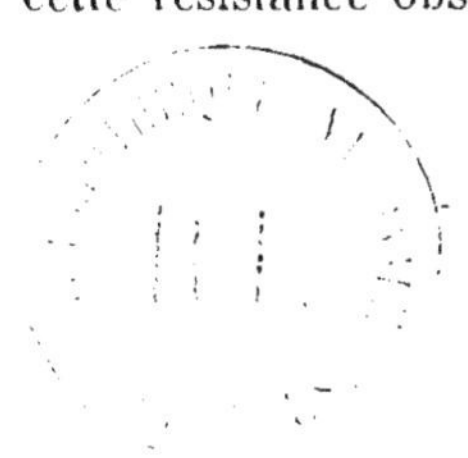

Bourgogne et le roi de France durent enfin se résoudre à traiter d'égal à égal avec les chefs gantois, qui refusèrent de s'humilier devant Philippe le Hardi (1385).

Mais les malheurs de la Flandre n'étaient point finis ; après les compagnies bretonnes, une nuée d'aventuriers anglais s'abattirent sur le plat pays, que les dissensions des grandes communes laissaient sans défense, et le rançonnèrent impitoyablement. Tant de maux et les inquiétants développements de la puissance des ducs de Bourgogne ramenèrent enfin les Flamands aux idées d'union des Artevelde, et l'on vit, en 1436, Bruges convoquer les milices des communes rurales en leur promettant le droit de bourgeoisie foraine, la *haghepoortery*, et en offrant un chapel de roses à celle qui arriverait la première ; ce fut Oostcamp (1). Ardenbourg, Blankenberghe, Thourout, Furnes, Dunkerque, Bergues, toute la côte, tout le vieux pays des Kerels se réunit à la grande cité.

Ce grand mouvement avorta encore, et les Picards succédant aux Anglais, comme ceux-ci avaient succédé aux Bretons, se mirent, à leur tour, à traiter les campagnes en pays conquis.

Les paysans, désespérés, se jetaient de plus en plus dans le banditisme des *out-laws*. Après les pourcelets de la Raspaille arrivaient les compagnons de la Verte-Tente, qui, sous les ordres du bâtard de Blanc-Estrain, faisaient contre les Picards la guerre de partisans, guerre impitoyable et sans quartier. Quand Gand, à son tour, leva l'étendard de la révolte en 1452, ils accoururent à son appel, répondirent aux hideuses dévastations du sire de Blamont dans le territoire qui entourait la ville, par des représailles terribles, enlevant Hulst aux Bour-

(1) KERVYN. *Op. cit.*, t. III, p. 139.

guignons, brûlant les faubourgs d'Alost, prenant Grammont, pillant Lessines, se groupant enfin à la suprême journée de Gavre sous les bannières des Gantois (1453).

Dans ce dernier et solennel duel de la liberté communale contre le despotisme, les compagnons de la Verte-Tente firent des prodiges de valeur.

Le désastre de Gavre terminait l'épopée communale ; jusqu'au dernier jour, les paysans avaient pris part à ce grand drame de la bourgeoisie flamande, et du *Bloedmeersch* de Courtrai à la *Roodezee* de Gavre, leur sang généreux avait coulé à flots pour l'indépendance de leur pays.

La bataille gagnée, Philippe, impatient de vengeance, voulait marcher immédiatement sur Gand et s'en emparer avant la nuit. Pour gagner du temps, il fallait un guide. On prit un pauvre laboureur, que l'on obligea de marcher à l'avant-garde. Mais cet homme, nous dit Chastelain, égara les bandes bourguignonnes et picardes ivres de carnage, et les ramena dans leurs campements par des chemins de traverse ; puis il disparut.

Ce laboureur inconnu qui, le soir de la défaite, sauvait, au risque de sa vie, la cité des Artevelde des horreurs d'un pillage, et qui, son œuvre accomplie, s'effaçait dans la nuit, est bien le dernier et fidèle représentant de la race héroïque des libres paysans flamands du moyen âge.

6° Résumé de la période.

Le XIVe siècle, comme le dit avec justesse M. Vanderkindere, est, « avant tout, un siècle de transition ». Entre la société féodale qui disparaît et la société nouvelle, que les libres communes essaient de fonder, entre ce monde faussé de la chevalerie qui se cramponne au pouvoir et ce monde naissant de la bourgeoisie mal équilibré encore, le conflit éclate partout à la fois; c'est une immense mêlée dont l'Europe entière devient le sanglant théâtre et qui ébranle l'humanité jusque dans ses couches les plus infimes, celles où végètent et souffrent les pauvres paysans. A l'exemple des villes, partout nous voyons les campagnes s'agiter et se redresser sous le joug féodal, comme des fourmilières sous le pied qui les a dispersées et clouées au sol. A mesure que le siècle avance, leur effort s'accentue; les hasards de la politique, les aspirations religieuses ou nationales leur prêtent leur appui; les Jacqueries éclatent; en France, en Belgique, en Italie, en Espagne, en Suède, en Allemagne, en Bohême, les ahaniers s'élancent de leurs chaumières et courent sus à l'éternel ennemi : le seigneur! Que ces masses s'entendent, que les grandes communes se liguent avec le plat pays, et la démocratie aura vaincu. Ce fut le généreux rêve des grands hommes du siècle, des Artevelde et des Marcel. Ils succombèrent à la tâche.

Un instant cependant l'éclatant triomphe de Beverhoutsveld vient soulever tous les courages et rallier tous les cœurs dans un élan magnifique.

L'Angleterre oublie le désastre de Smithfield et se prépare à venger la mort de Wat-Tyler, la France et l'Italie sont en feu, la Bohême tressaille, la Suisse fourbit l'épée qui va frapper l'Autriche à Sempach et à Næfels, Louvain et la Flandre se dressent menaçantes. Mais si l'unité des aspirations existe, l'unité de l'action fait défaut; de ces masses populaires, les unes, comme l'Angleterre ou la France, viennent à peine d'étancher le sang qui coulait de toutes leurs veines; les autres, comme la Bohême, sont mal préparées encore; la

Flandre seule est obligée de supporter le choc du colosse féodal, elle succombe à Roosebeeke, et le grand effort démocratique du XIVe siècle expire avec elle.

C'est en vain que dix-huit ans plus tard les Hussites de Zizka essaieront de relever l'étendard de la cause populaire : le désastre de Cesky Brod sera pour eux un nouveau Roosebeeke, et ni les prises d'armes de John Cade en Angleterre, des Jacques du Maconnais en France, des Flamands contre les ducs de Bourgogne, ne parviendront à sauver l'édifice communal ni à émanciper le peuple des paysans. Il faudra le XVIe siècle et le grand élan religieux de la Réforme pour relever la démocratie et pour adoucir en partie le sort des masses rurales.

IV

La Réforme et les grandes guerres des paysans pendant les temps modernes.

1° Influence de la Réforme sur l'état des paysans.

Les guerres des paysans du XVIe siècle ont ceci de remarquable qu'elles s'appuient franchement sur la réforme religieuse. On peut les nommer des mouvements sociaux et religieux à la fois.

Sans doute, la Réforme était, avant tout, un mouvement religieux dirigé contre l'absolutisme pontifical, « une querelle de moines, » avait dit Léon X ; mais ses conséquences pénétraient jusque dans les fondements de l'ancienne société. Combattre l'Église, c'était combattre l'État même, comme le dit M. Alfred Maury dans sa belle étude sur le socialisme au XVIe siècle (1), car l'Église imprégnait l'État tout entier. Et

(1) *Revue des Deux-Mondes*, 15 juillet 1872.

puis, lire la Bible, quel enseignement pour les masses populaires ; quel arsenal inépuisable de preuves pour les rêveurs et les mystiques, comme pour les esprits sages !

Il ne faut donc pas s'étonner de voir la parole ardente de Luther soulever une tourmente où le bien fut près de sombrer avec le mal. Toutefois, si le moine d'Eisleben domine par son vigoureux génie le grand mouvement du XVIe siècle, il serait puéril de lui en rapporter tout le mérite. C'est la Renaissance, c'est l'imprimerie, c'est le progrès général de la civilisation occidentale qui, en mêlant, en condensant, en renouvelant les vieilles hérésies du moyen âge, leur donnèrent tout à coup cette force irrésistible qui réduisit en poussière l'orgueilleux édifice des Grégoire VII et des Innocent III.

Dans cet immense effort des masses contre un système religieux et social qui les étouffait, les paysans allèrent le plus loin, parce qu'ils partaient de plus bas. Aussi ne réussirent-ils point, car les brusques changements répugnent à la marche de l'histoire.

Nous allons étudier leurs principales prises d'armes. Afin de mettre un peu de clarté dans ce chaos de révoltes souvent contradictoires, nous commencerons par exposer la grande guerre des paysans en Allemagne, cette patrie de la Réforme.

Nous parlerons ensuite des levées de boucliers françaises, où l'idée religieuse ne joue qu'un rôle accessoire.

Nous verrons enfin les guerres des paysans dans l'Europe orientale, où d'autres causes amènent les mêmes effets.

2° La grande guerre des paysans dans l'empire d'Allemagne et les pays germaniques.

Quand Luther brûlait à Wittemberg les bulles pontificales, il y avait longtemps que les idées de réforme avaient commencé à agiter les masses populaires dans le vaste territoire des peuples germaniques.

Écrasés d'impôts, exaspérés par les levées de lansquenets, *landsknechte*, qui leur enlevaient pour le service du prince la fleur de leurs jeunes hommes, les paysans prenaient peu à peu une attitude menaçante.

Dès 1476, les laboureurs de Wurzbourg se soulevaient contre leur évêque, au nombre de quarante mille, sous la conduite du berger Hans Behaïm, et demandaient l'abolition des impôts et l'égalité des citoyens. En 1491, ceux de l'abbaye de Kempten suivaient le même exemple. En 1492, c'était le tour des *Käsebroeder* de Néerlande, qui prenaient pour enseigne un pain et un fromage, souvenir vivant du *brood ende caes* des Kerels saxons.

En 1505, dans l'évêché de Spire, à Bruchsal, sept mille hommes et quatre cents femmes se rassemblaient sous l'étendard du Soulier (1). C'est le *Bundschuh*, la confédération du Soulier, véritable société secrète dont le but était le même que celui de Hans Behaïm, et qui fut étouffée avant l'action, non sans laisser des traces profondes. L'un des chefs, Josse

(1) Soulier à haut quartier se rattachant à la jambe par des lanières, chaussure des vilains, par antithèse avec la botte des nobles. Voir Alfred Maury, *Le Socialisme au XVIe siècle. Revue des Deux-Mondes,* 15 juillet 1872, p. 361.

Fritz, se réfugia à Lehen en Brisgau, où le voisinage de la libre Helvétie encourageait les idées d'indépendance, y fit une active propagande et finit par exposer, dans une grande assemblée des conjurés tenue dans la plaine de Hartmatte, en 1513, le programme des réformes demandées par les paysans : diminution des impôts, paix perpétuelle fondée sur l'alliance des peuples.

Du Brisgau, le mouvement se propagea rapidement en Souabe et en Alsace, et gagna bientôt la Carinthie et la Carniole, vieille terre libre où les paysans traitaient avec leur duc d'égal à égal. Lors de son intronisation, à Zollfeld, il devait se présenter vêtu en paysan devant le trône de marbre où siégeait un laboureur entre un taureau noir et un cheval maigre. — « Qui donc entre si fièrement ici? demandait le « laboureur. Est-il juste juge? A-t-il au cœur le bien du pays? « Est-il libre et chrétien? — Il l'est et le sera, répondait la « foule. — Je demande alors de quel droit il me fera quitter « cette place? — Il t'achètera ta place soixante pfennings; le « cheval et le taureau seront tiens; libre sera ta personne, « ainsi que ta maison; tu ne paieras ni dîme, ni redevance. »

A ces paroles, le paysan se levait, touchait le duc à la joue, et le nouveau seigneur prenait place sur le siège demarbre (1).

Exaspérés par les famines et l'oppression des nobles, les paysans slovènes se soulevèrent, en 1515, au cri de : *Stara pravda!* l'ancien droit! De la Carniole la révolte gagna la Styrie et mit sur pied quatre-vingt mille hommes, qui parcoururent le pays en brûlant les châteaux et en massacrant les seigneurs.

(1) Voir MICHELET. *Op. cit.*, pp. 501 et 566.

Vers le même temps éclatait en Hongrie l'effroyable Jacquerie des *Kouroutses,* Croisés, provoquée aussi par l'oppression des magnats. Le cardinal Bakracz venait d'arriver de Rome pour prêcher la croisade contre les Turcs. Les paysans s'armèrent, mais firent la croisade contre leurs seigneurs (1513). A leur tête, ces Kurucz, croisés de nouvelle espèce, avaient mis un Szekler de Transylvanie, le paysan Dosza. De son camp de Csegled, il s'intitulait « le général des croisés « soumis au roi et non aux nobles » et appelait les paysans aux armes. Armés de faux et de fourches, les laboureurs accoururent en foule sous les drapeaux de Dosza et mirent à feu et à sang les domaines des nobles. Vaincu à Temesvar par Jean Szapolyai, voiévode de Transylvanie, le roi des paysans hongrois fut, comme on dit que l'avait été le chef des Jacques français, assis sur un trône ardent, couronné d'une couronne de fer rouge. Il mourut en brave et son souvenir resta populaire parmi les laboureurs. Ceux-ci payèrent cher leur révolte ; car Verbœczy, dans sa célèbre compilation du droit hongrois, *Decretum bipartitum juris consuetudinarii*, de 1514, déclare qu'il n'y a qu'un peuple légal : les conquérants magyars, maîtres du sol ; les autres sont les serfs de la glèbe, les *Jobbagyones.* « La révolte de Dosza, dit-il, les a « notés à perpétuité d'infidélité et réduits à perpétuelle servi- « tude. » (1)

Douze ans plus tard, le « peuple légal » devait tomber à son tour à Mohacz sous le joug des Turcs et partager la servitude des Kurucz.

Pendant que les paysans slovènes et hongrois échouaient ainsi dans leur entreprise, une poignée de héros, les Dith-

(1) LOUIS LÉGER, *Histoire de l'Autriche-Hongrie*, p. 240.

marses, maintenaient leur indépendance sur les rivages de la mer du Nord. Frères des Kerels saxons, pendant des siècles ils avaient résisté à tous les efforts de la féodalité (1). Divisés en quatre *markes*, gouvernées chacune par douze conseillers élus, groupés en communautés de villages sous l'autorité nominale de l'évêque de Brême, ils vivaient librement sur un sol marécageux et de difficile accès. Jean de Danemark entreprit de les soumettre et envahit leur pays, entre l'Eider et l'Elbe, à la tête d'une armée de trente-quatre mille hommes, y compris les six mille soldats de la fameuse garde noire saxonne, sous les ordres de Georges Slentz de Cologne. Les Dithmarses pouvaient à peine leur opposer six mille hommes et un nombre égal de femmes, car chez eux, comme chez les Cimbres, les femmes prenaient part au combat.

Les Danois entrèrent dans le pays en février 1500, « comme « des convives, dit un vieil annaliste, entrent dans la salle du « festin ». Maîtres de Meldorp, la seule ville du pays, dont ils passèrent la faible garnison au fil de l'épée, ils s'avancèrent imprudemment vers Hemmingstadt sur des digues étroites, dans un terrain entrecoupé de fossés, et attaquèrent les retranchements des Dithmarses. Ceux-ci les repoussèrent, rompirent les digues, et les trois quarts de l'armée royale, ainsi que la garde noire tout entière périrent dans les flots. Un butin immense, l'artillerie et jusqu'au Danebrog tombèrent entre les mains des vainqueurs.

Le triomphe de cette poignée de paysans héroïques sur des troupes aguerries qui comptaient parmi les plus redoutables, ébranla tout le nord de l'Allemagne, le Jutland et jusqu'à la

(1) « Les Dithmarses, dit un chroniqueur du XIVe siècle, vivent sans « seigneur et sans chef, et font ce qu'ils veulent. »

Suède, et partout les paysans se mirent à répéter le chant de guerre des Dithmarses victorieux : « Gare à toi, cavalier, voici le paysan ! »

Les Suédois étaient un peuple de paysans. Réunis au Danemark-Norvége par la fameuse union de Calmar de 1397, ils n'avaient cessé de protester contre les tendances despotiques des souverains de la race de Marguerite de Waldemar. Dès le règne d'Eric de Poméranie, les paysans dalécarliens, sous la conduite d'un héros rustique, Engelbert, se mettaient en pleine révolte et s'emparaient de Stockholm (1435). Engelbert fut assassiné et le peuple le pleura comme un martyr.

Depuis lors d'incessantes insurrections de laboureurs continuaient à ébranler la domination des Danois. En 1471, conduits par leur administrateur, Sten-Sture, les paysans attaquaient la chevalerie bardée de fer de Christian Ier, sur le mont Brunke, et l'anéantissaient sous leurs flèches et leurs lourdes haches d'armes.

La victoire des Dithmarses réveilla leur haine. Dirigés de nouveau par Sten-Sture, ils chassèrent les Danois et les tinrent en échec pendant vingt ans avec leurs trois administrateurs, Sten-Sture Ier, Svante-Sture et Sten-Sture II.

Pendant que les paysans luttaient ainsi avec des chances diverses aux deux extrémités de l'empire germanique, l'agitation grandissait dans le centre. La tyrannie du duc Ulrich de Wurtemberg y faisait naître une nouvelle ligue de laboureurs, celle du pauvre Conrad (*der arme Kunz*), du nom d'un paysan de Schorndorf, fondateur de cette société, qui, d'abord gilde de joyeux compères, n'avait pas tardé à devenir une puissante association politique.

C'est au milieu de ces ferments de révolte que parut la Réforme. Appuyée par les prédications d'une foule de novateurs, elle s'infiltra rapidement dans les masses. Beaucoup de ces novateurs allaient plus loin que Luther ; l'absence du maître, réfugié à la Wartbourg, donnait le champ libre à leurs doctrines destructives. Parmi ces hommes redoutables brillait au premier rang Andréas Bodenstein, dit Carlstadt, du nom de sa ville natale, émule de Luther, formé à l'université de Wittemberg, éloquent et impétueux, partisan enthousiaste de l'Écriture jusqu'à autoriser la polygamie.

Venait ensuite Nicolas Storck, drapier de Zwickau en Saxe, rêveur millénaire qui prêchait la fin du monde, le renouvellement du baptême aux adultes, en d'autres termes l'anabaptisme, et parcourait le pays comme un nouveau Jésus avec ses douze apôtres et ses soixante-douze disciples.

Puis Simon Strumpf, Hans Brödli, Hätzer, Conrad Grebel, fondateur de la secte des Biblistes, d'autres encore qui, tous, jouaient en Suisse, vis-à-vis de Zwingli, le même rôle que Carlstadt vis-à-vis de Luther.

Enfin, Thomas Münzer, esprit turbulent et inquiet, mais non sans grandeur, qui après avoir prêché avec succès à Stolberg dans le Harz, puis dans le Brunswick, se faisait adopter par Storck à Zwickau comme vicaire et parcourait la Bohême et la Thuringe en prêchant la révolution sociale au nom des « pieux et des saints ».

Avec le coup d'œil du génie, Luther vit aussitôt le danger que ces folies mystiques pouvaient faire courir à son œuvre. Il quitta brusquement la Wartbourg et attaqua violemment, à Wittemberg, Carlstadt, Münzer et les Anabaptistes. Quand les paysans commencèrent à prendre part au mouvement, il essaya de les arrêter : « Si les paysans deviennent les maîtres, « dit-il à la diète de Nuremberg en 1522, le diable deviendra « abbé. »

Mais il était trop tard.

« Le bas peuple, comme le dit Michelet (1), les paysans « endormis depuis si longtemps sous l'oppression féodale « entendirent les savants et les princes parler de liberté, « d'affranchissement, et s'appliquèrent ce qu'on ne disait pas « pour eux... Peu à peu l'éternelle haine du pauvre contre « le riche se réveilla, moins aveugle toutefois que dans la « Jacquerie, mais cherchant déjà une forme qu'elle ne devait « atteindre qu'au temps des niveleurs anglais. Elle se com- « pliqua de tous les germes de démocratie religieuse qu'on « avait crus étouffés au moyen âge. Des Lollardistes, des « Béghards, une foule de visionnaires apocalyptiques se « remuèrent. Le mot de ralliement devint plus tard la néces- « sité d'un second baptême ; dès le principe, le but fut une « guerre terrible contre l'ordre établi, contre toute espèce « d'ordre ; guerre contre la propriété, c'était un vol fait au « pauvre ; guerre contre la science, elle rompait l'égalité « naturelle, elle tentait Dieu qui révélait tout à ses saints. »

Du reste, les villes et la noblesse avaient donné les premières l'exemple de la révolte à main armée contre l'ordre existant. Déjà à la diète de Worms, en 1521, la bouche des nobles avait invoqué le cri de ralliement des paysans, le *Bundschuh*, et, dès 1522, Franz de Sickingen et Ulrich de Hütten s'étaient jetés, avec la noblesse et la bourgeoisie franconiennes, sur les terres des princes ecclésiastiques du Rhin, au nom de la justice et de la liberté.

« La nation allemande ne sera grande, disait de Hütten, « que le jour où l'état de laboureur sera physiquement et

(1) MICHELET, *Mémoires de Luther*, éd. Méline, t. II, p. 166.

« moralement amélioré, car son malheur est encore plus « grand que son cœur. »

Avec Sickingen et de Hütten, les paysans eussent sans doute possédé des chefs dignes d'une si grande cause, et la face du monde se fût trouvée changée. Malheureusement pour l'Allemagne, ils moururent à la peine. Leur armée, mal secondée, se débanda; Sickingen périt en 1523 en défendant son château de Landstuhl contre les troupes de la Ligue de Souabe, et de Hütten, désespéré de la mort de son ami, s'en alla mourir en exil à Pfarrdorf, dans la petite île d'Uffenau, sur le lac de Zürich (1).

Avec eux disparaissaient deux des plus nobles cœurs qui aient jamais battu pour la cause de l'humanité, deux des plus purs et des plus beaux génies dont s'honore la Réforme.

Abandonnés à eux-mêmes, les laboureurs coururent aux armes. Dès le 24 août 1524, les paysans de la comtesse Hélène de Rappolstein, obligés de consacrer leur dimanche à la cueillette forcée des fraises, se soulevaient à Stuhlingen en arborant les couleurs allemandes : noir, rouge et or. Quelques mois après, le 1er janvier 1525, ceux de Kempten, en Souabe, pillaient l'abbaye, et de toutes parts les bandes armées, les *Haufen,* sortaient de terre ; le soulier reparaissait peint en or, cette fois, avec un soleil et cette inscription :

Wer frei will sein
Der folge diesem Sonnenschein.

En même temps, Hans Müller de Bulgenbach, vêtu de rouge, parcourait les villages dans un chariot de feuillage, nouvelle arche d'alliance, et colportait les fameux Douze articles, peut-

(1) Alexandre Weill, *Histoire de la Grande guerre des paysans*, pp. 61 et sq.

être rédigés par un ancien curé de Memmingen, Schappler (1).

Voici la substance de ces douze articles des paysans souabes, véritable code des revendications de la classe agricole, que nous retrouvons dans tous les centres de la guerre avec quelques modifications :

1. Élection des pasteurs par les fidèles, car l'Évangile doit être prêché en vérité et non d'après les intérêts des nobles et des prêtres.

2. Plus de dîmes, ni grandes ni petites, sauf la dîme légitime du grain pour l'entretien des pasteurs.

3. Abolition du servage, car « Jésus-Christ a tout racheté « par son sang précieux, et le pâtre est l'égal de l'empereur. »

4. Liberté de la chasse et des eaux.

5. Les forêts communales seront rendues aux communes.

6. Les services seront allégés.

7. Ainsi que les corvées.

8. Abaissement du cens « pour que le paysan ne travaille pas en vain. »

9. Jugement par les pairs.

10. Les terres communales retourneront à la commune.

11. Plus d'impôt en cas de décès, « c'est la spoliation des veuves et des orphelins. »

12. L'Écriture sera notre guide pour toutes les réformes à opérer.

Bien que modérées, ces demandes dépassaient de loin la réforme religieuse telle que l'entendait Luther ; elles entamaient profondément tout le droit féodal et menaçaient l'Allemagne de la guerre civile.

Mais déjà les épées étaient sorties du fourreau. Quatre

(1) ALFRED MAURY. *Op. cit.*, p. 378.

centres de rébellion s'étaient démasqués à la fois : la Souabe, la Franconie, la Thuringe et l'Alsace.

C'était de la Souabe qu'était parti le signal, c'est là qu'avaient été rédigés les douze articles. Les paysans souabes, les *helle Haufen*, les bandes claires, avaient pris la croix blanche pour se distinguer des troupes de la Ligue des nobles de Souabe, qui portaient la croix rouge, et ces bandes se donnaient pour chefs Hans Müller et le curé Schappler. Dans le centre, en Franconie, dans l'Odenwald et le Rheingau, se trouvaient les *schwarze Haufen*, les bandes noires de Jacklin Rohrbach de Böckingen, sorte d'hercule féroce, de Georges Metzler, ancien tavernier des environs de Mayence, et de Florian Geyer, de Geyersberg, noble et vaillant chevalier qui avait, comme Franz de Sickingen, embrassé avec enthousiasme la cause des paysans.

Au nord, en Thuringe et en Saxe, Thomas Münzer, Nicolas Storch et le prémontré défroqué Pfeiffer commandaient les laboureurs anabaptistes et poussaient jusqu'à la folie l'exaltation religieuse. « Il n'y aura de paix en Allemagne, disaient-« ils, que quand il n'y aura plus de chaumières. Sus, sus, sus « (Dran, dran, dran), pendant que le feu chauffe, que le glaive « tiède de sang n'ait pas le temps de se refroidir. Forgez Nem-« rod sur l'enclume, tuez tout dans la tour ; tant que ceux-là « vivront, vous ne serez jamais délivrés de la crainte des « hommes ! On ne peut vous parler de Dieu, tant qu'ils « régneront sur vous ! »

En Alsace enfin les paysans, les *rustauds*, s'en tenaient aux douze articles. Erasme Gerbert, leur chef, avait avec lui plus de cent mille hommes, femmes et enfants, qui, comme une nuée de barbares, parcouraient et ravageaient le pays.

Jamais mouvement social plus formidable n'avait ébranlé l'Allemagne. Plus de trois cent mille paysans étaient debout.

Une foule de bandits et d'aventuriers s'étaient joints aux premières bandes, et la guerre prenait un caractère atroce : viols, incendies, tueries se succédaient sans relâche. La vieille haine amassée dans le cœur des paysans contre les nobles et les prêtres se dégorgeait tout entière. Après la prise de Weinsberg, le comte Louis de Helfenstein était traqué à l'épieu, on écrasait la tête de son fils, et sa femme, fille naturelle de l'empereur Maximilien, était conduite à Heilbronn dans un tombereau de fumier. Dans l'Odenwald, des infortunés furent mis à la broche et leurs femmes obligées de tourner ces hideux rôtis. L'ivrognerie achevait de démoraliser cette cohue de bêtes fauves altérées de sang, et les riches caves des moines ne leur fournissaient que trop l'occasion de s'adonner à cette funeste passion. A Ochsenfurth, cinq cents foudres du vin des chanoines de Wurzbourg furent mis à sec par les paysans. A Eberbach, la populace resta quatre semaines à vider les caves du couvent.

A mesure que le temps passait, l'indiscipline et l'absence de direction affaiblissaient l'insurrection. Il lui manquait un Sickingen ou un de Hütten. A la vérité, les paysans avaient formé une sorte de conseil général, *Bauernrath*, qui devait durer cent et un ans ; mais ce comité n'avait ni sagesse, ni influence. Un seul homme semble avoir eu la conscience des nécessités du moment et la pensée de donner au mouvement une direction homogène. C'est l'ancien tavernier de Mayence, Georges Metzler. Pour faire la guerre à la chevalerie, il comprit qu'il fallait aux bandes un chef expérimenté et l'alliance des villes. Un ancien scribe, Wendel Hippler, se chargea de cette dernière mission ; Gœtz de Berlichingen, Gœtz à la main de fer, un hobereau du *Faustrecht*, dur envers ses sujets, mais brouillé avec la Ligue de Souabe, fut choisi comme chef de guerre. Grâce aux efforts de Metzler, de Gœtz et de Hippler, un peu d'ordre s'établit enfin dans le mouvement; la petite noblesse et les villes du Rheingau se joignirent aux insurgés, et la ville de Wurzbourg devint le siège du grand conseil. C'est là qu'Hippler rédigea tout un programme très modéré et très pratique des demandes des paysans. Ce programme avait grande chance d'être accepté, du moins dans ses lignes principales, par les princes et l'empereur, si tous les chefs s'étaient mis d'accord pour l'appuyer.

Malheureusement, en Hesse et en Thuringe, Münzer et Pfeiffer ne voulaient entendre parler d'aucun arrangement, et continuaient follement une guerre d'extermination contre leurs adversaires, qu'ils traitaient de Cananéens.

Toutes ces tergiversations et tous ces désordres permirent aux nobles de se reconnaître; trois armées se rassemblèrent contre les paysans, l'une en Alsace sous les ordres d'Antoine de Lorraine, l'autre en Souabe sous les ordres de Georges de Truchsess, la dernière en Thuringe sous ceux du landgrave de Hesse.

Les bandes claires de Souabe furent écrasées les premières à Leipheim et à Wurzach, en avril 1525.

Quelques semaines après, le 15 mai 1525, c'était au tour des anabaptistes de Thuringe. Attaqués à Frankenhausen par les troupes du landgrave de Hesse, ils s'étaient retranchés au nombre de huit mille derrière un rempart de chariots, comme autrefois les Taborites. Mais le *Wagenburg* fut enfoncé par l'artillerie des princes, cinq mille paysans furent tués et leurs chefs, Münzer, Storch et Pfeiffer, mis à mort dans d'horribles supplices.

Trois jours plus tard, Antoine de Lorraine, à la tête d'un ramassis d'Albanais, de Piémontais et d'Espagnols, épaves de la bataille de Pavie, battait les *rustauds* d'Alsace à Lupfstein et les rejetait sur Saverne, où, malgré une capitulation, pendant trois jours les mercenaires de Pavie firent une horrible boucherie des paysans. On en tua vingt-quatre mille, hommes, femmes et enfants, et d'après les historiens de la Lorraine, des horreurs sans nom furent commises par les vainqueurs. Érasme Gerbert avait été pris et pendu ; les débris de ses troupes se retranchèrent au nombre de dix mille à Scherweiler et se firent décimer par les troupes ducales, sans qu'on pût les forcer. Les survivants se jetèrent dans les bois des Vosges et de la Franche-Comté et y commencèrent la guerre de partisans sous le nom de Mille diables et de Francs archers.

Restaient les redoutables bandes franconiennes de Metzler et de Gœtz de Berlichingen, concentrées autour de Wurzbourg. Les armées du landgrave de Hesse et de la Ligue de Souabe se réunirent et marchèrent sur la Franconie. Les insurgés furent battus sur la Tauber, à Kœnigshofen; Gœtz les abandonna et Wurzbourg fut repris le 7 juin 1525. Seule, la bande noire de Georges Metzler, forte encore de deux cent cinquante soldats, continua à tenir la campagne sous la conduite de l'héroïque Florian Geyer, et se fit tuer près d'Ingolstadt jusqu'au dernier homme.

L'armée des princes se rabattit ensuite sur le Rheingau, où les paysans furent taillés en pièces à Pfeddersheim, et les villes qui les soutenaient, Mayence, Worms, Spire, Francfort, se virent forcées de se rendre.

Pendant ce temps, Truchsess, à la tête des troupes de la Ligue de Souabe, écrasait les paysans dans le Brisgau, ce berceau de la révolte. Sa férocité finit par dégoûter le Conseil de la Ligue, qui le remplaça par le chevaleresque Georges Frundsberg, un des héros de Pavie, qui fit son possible pour enlever à la répression son caractère de sauvagerie. Cependant, bien des excès furent commis encore. Luther lui-même les encourageait : « On ne doit aux paysans ni miséricorde ni « pitié, écrivait-il le 30 mai, rien que la colère de Dieu et des « hommes... Ils sont au ban de Dieu et de l'empereur. On « peut les traiter comme des chiens enragés... Tuez ! frap- « pez ! assommez ! » Des tribunaux inquisitoriaux s'établirent partout, des échafauds s'élevèrent, et Carlstadt lui-même n'échappa à la mort que grâce à la magnanimité de Luther. Enfin, une amnistie vint, le 23 septembre 1526, mettre fin à toutes ces horreurs.

La grande guerre des paysans était finie; les laboureurs n'avaient rien gagné dans ce colossal effort qui leur avait coûté cinquante mille hommes et ruiné leurs campagnes. Au contraire, presque partout ils perdirent leur antique droit de réunion et se virent réduits au servage de la glèbe.

Valait-il mieux qu'il en fût ainsi ? Faut-il, comme certains historiens, M. Alfred Maury par exemple, voir dans le triomphe des princes le salut de la société allemande et dans le mouvement social du XVIe siècle l'un des plus grands dangers qu'ait courus la civilisation germanique ? C'est se figurer, semble-t-il, les choses bien en noir. Sans doute, les radicaux et les sectaires de l'anabaptisme mêlaient bien des folies à leurs réformes; mais les crises sociales, comme les maladies, ont leur état aigu. Ne soyons pas plus sévères pour les paysans révoltés que les grandes villes libres de leur temps, Worms, Spire, Mayence et tant d'autres, qui firent cause commune avec eux. Pourquoi la tempête du XVIe siècle n'aurait-elle pas abouti, en fin de compte, à l'émancipation des classes rurales, à la transformation de la féodalité et de l'État, comme la Révolution d'Angleterre ou la Révolution française ? Si l'absence de discipline des paysans et les escadrons bardés de fer des princes ont écrasé la révolte dans son germe, ce n'est pas une raison, sans doute, pour nous écrier : Malheur aux vaincus !

Constatons plutôt, ce qui est un fait, que la triste issue de la guerre des paysans retarda de deux siècles l'affranchissement des populations rurales, dans tout le centre et le sud de l'Allemagne. Écrasées sous le joug, elles assistèrent d'un œil indifférent à la grande prise d'armes des anabaptistes de Munster en 1535. Certes, parmi les Melchiorites de Néerlande, parmi les disciples de Hoffmann et de Berndt Rothmann, parmi les soldats de Jean Mathys, ce boulanger de Harlem, et de Jean Bockelsohn, ce tailleur de Leyde, il y eut encore bien des paysans, mais ils n'y furent qu'un appoint. Le gros de l'armée du roi de Sion, du Prophète de Munster, c'étaient les artisans, les ouvriers, les prolétaires.

Il en est de même de la guerre de Trente ans : les hommes du labour n'y jouèrent qu'un rôle effacé ; ils furent les victimes de ces innombrables armées qui, selon la parole de Wallenstein, « vivaient sur le pays »; ils n'en furent point les soldats.

Dans l'orient de l'Allemagne seul, nous trouvons encore au XVIe et au XVIIe siècle de véritables guerres de paysans.

Dans le Tyrol, le mouvement de 1525 ranima la grande insurrection de 1515. Réunis en assemblée à Méran, les paysans proclamèrent que « dans le Tyrol il n'y aurait désormais « qu'une loi indigène et compréhensible au pauvre peuple », que les évêques, les couvents et les ordres mendiants seraient supprimés, les biens d'église sécularisés, la chasse et la pêche rendues libres, les fonctions judiciaires confiées au peuple, la fiscalité et les corvées supprimées.

C'étaient les douze articles des paysans souabes, et le frère de Charles-Quint, Ferdinand, les sanctionna tous, à l'exception de ceux qui concernaient les biens d'église.

Dans la Haute-Autriche, l'intervention néfaste des Jésuites occasionna aussi des soulèvements nombreux des laboureurs.

> Utere jure tuo, Cœsar, servosque Lutheri
> Ense, rotâ, ponto, funibus, igne, neca!

disaient à l'empereur les disciples de Loyola. Ces funestes conseils firent éclater la révolte. Les paysans réformés se soulevèrent sous Ferdinand II, en 1619, contre leur gouverneur Herberstorf, « voulant, disaient-ils, être maîtres chez eux « comme les Suisses ». A leur tête se trouvait un ancien soldat, le chapelier Fadinger, qui réunit bientôt soixante-dix mille hommes, et s'intitula capitaine en chef de l'armée chrétienne. Blessé à mort au siège de Linz en 1627, il eut pour successeur un lieutenant de Pappenheim, le chevalier Wiellinger, qui fut pris et périt sur l'échafaud. Après quoi les révoltés furent traqués comme des bêtes fauves et tellement écrasés qu'ils ne se relevèrent plus.

En Bohême aussi, la guerre de Trente ans fit éclater une révolte des paysans. Là encore les Jésuites étaient la cause première de la rébellion. « Vous devez savoir, canailles « jésuitiques, disaient les conjurés aux lieutenants impériaux « qu'ils jetaient par les fenêtres du Hradchany, vous devez « savoir que vous n'avez pas affaire à des femmes! »

La défénestration de Prague (1618) réveilla les vieux instincts des Hussites; les frères moraves, persécutés, reparurent; toute la Bohême se leva contre les prêtres et les Allemands. Le désastre de la Montagne Blanche (1620), en amenant l'expropriation du pays au profit d'une nuée d'aventuriers espagnols, italiens, belges et allemands, fut le signal d'une violente Jacquerie. Concentrés autour de Hradec, ce berceau des frères moraves, les paysans se jetèrent sur les châteaux, qu'ils détruisirent. La répression fut horrible; des supplices inouïs furent employés contre les pauvres laboureurs.

Malgré tout, cependant, écrasés par les soudards étrangers et par le servage de la glèbe, ils conservèrent leur foi; jusqu'au XVIIIe siècle, ils se réunissaient encore dans les forêts pour célébrer la communion sous les deux espèces, d'après les rites des Hussites.

Une dernière fois, en 1680, à Caslav, ils prirent les armes poussés par l'excès de désespoir, se plaignant qu'on les traitât plus mal que Turcs et Tartares. A ce cri d'agonie, la cour de Vienne répondit par des coups de fusil; les paysans bohêmes furent écharpés, et jusqu'au XIXe siècle ils ne bougèrent plus.

En Hongrie enfin, les Jésuites et le despotisme impérial amenèrent aussi des révoltes de paysans. Dès les premiers jours de la guerre de Trente ans, les Transylvains et les Hauts-Hongrois se soulevaient sous les ordres de Gabor (Gabriel) Bethlen et d'Étienne Boskay, les Kurucz reparaissaient, une guerre atroce s'engageait entre les calvinistes et les catholiques, et le comte Tœkœly, surnommé le roi des Kurucz, et sa femme, la belle Hélène Zrinyi, s'alliaient, en 1680, aux Turcs, par haine des Allemands. La défaite de Mohacz, en 1687, força les Turcs à rétrograder et livra les Hongrois sans défense à leurs ennemis. Les représailles furent hideuses. Le général Caraffa établit à Éperies un vrai tribunal de sang, qui pendant un mois livra sans relâche les Kurucz aux tortures. Le peuple a conservé le souvenir de ces massacres; il les nomme la boucherie d'Éperies.

Quelques années plus tard, en 1703, les Kurucz se soulevèrent une troisième fois avec François Rakoczy. Mais les nobles, cette fois, firent cause commune avec les paysans, et la lutte devint nationale; elle ne finit qu'en 1711 par une amnistie générale.

Vingt ans après, en 1734, nouvelle révolte des paysans serbes et hongrois sous un ancien soldat de Rakoczy, Pero Szegedinac. La « marche de Rakoczy » retentit de toutes parts, les Kurucz se soulèvent ; ils sont écrasés.

Sous Marie-Thérèse, un *Urbarium* vint améliorer un peu le sort des paysans; ils reçurent la liberté de se déplacer et se trouvèrent affranchis de la glèbe, situation qui a duré jusqu'en 1832.

Dans les trois royaumes du Nord, l'antagonisme entre la noblesse et les paysans donnait lieu aussi à des guerres acharnées.

Irrités de l'oppression des Danois, qui avaient fini par raffermir leur domination en Suède avec Christian II, en 1520, les montagnards dalécarliens s'étaient soulevés de nouveau en 1523, sous la conduite de Gustave Wasa, et avaient écrasé les Danois à la sanglante journée de Brunnebäk. « Le fleuve de « Brunn est bien large et bien profond, chantaient les Suédois; « mais nous y avons jeté les Jutois et nous avons chassé les « Danois! »

Une dernière victoire à Westeras, où les longues lances des paysans enfoncèrent la cavalerie danoise, consacra la délivrance définitive du pays.

Elle consacra aussi le triomphe de la classe rurale; car, pour renverser les feudataires d'église et pour établir le luthéranisme, Gustave Wasa eut besoin de s'appuyer sur elle et de fortifier l'ordre des paysans propriétaires.

Quant à la Norvége, et surtout au Danemark, les laboureurs y restèrent sans défense en face de la grande noblesse laïque et cléricale, et leur position s'empira de jour en jour.

Aussi, sous Christian III, en 1534, les paysans de Fionie et du Jutland se soulevèrent sous un chef qu'ils nommaient le capitaine Clément, battirent les nobles à Aalborg, prirent la ville et brûlèrent les châteaux; mais bientôt attaqués par des forces supérieures, ils finirent par être mis en déroute, perdirent leurs terres et se virent réduits à la condition de serfs, situation où ils restèrent plongés jusqu'à la fin du XVIIIe siècle.

Seuls, les Dithmarses avaient su conserver leur liberté; Frédéric II de Danemark entreprit de les dompter. En 1559, le comte de Rantsau entra dans le pays à la tête d'une armée dont le nombre égalait la population tout entière de la Dithmarsie; accablés par le nombre, les héroïques paysans saxons furent enfin obligés de se soumettre et prêtèrent serment de fidélité au roi et aux princes de Holstein, qui se partagèrent leurs dépouilles. Ils conservèrent toutefois une indépendance relative et surent se préserver de la honte du servage jusqu'à la fin de l'ancien régime.

3° Les guerres des paysans en France.

1° *Les révoltes du* XVIe *siècle et les guerres de religion.*

Les guerres des paysans en France, pendant le XVIe siècle, n'ont pas le même caractère qu'en Allemagne : les idées religieuses n'y jouent qu'un rôle accessoire. C'est la misère qui met à chaque instant les armes entre les mains des laboureurs, et si les guerres de religion, par le désordre qu'elles amènent, en sont en partie la cause, le fisc royal et les abus d'un gouvernement avide et égoïste y contribuent aussi très largement.

Rien ne nous fait mieux voir la désorganisation inouïe de la France sous les derniers Valois et sous les Bourbons, que l'étude des révoltes des paysans français. Même pendant les règnes si brillants de François Ier, d'Henri IV et de Louis XIV, la misère, le désordre sont partout. Depuis la Renaissance jusqu'à la Révolution, la population agricole en France souffre un perpétuel martyre, et l'on ne pourrait même citer toutes les insurrections des laboureurs, tant elles sont nombreuses.

Dès la première moitié du XVIe siècle, la grande lutte entre François Ier et Charles-Quint avait inondé la France de soudards et de bandits de toute sorte, francs archers, lansquenets et reîtres, « aventuriers de guerre » que Brantôme et Mézerai nous dépeignent en termes saisissants et qui s'abattaient comme des vampires sur le plat-pays, déjà épuisé par l'impôt du roi.

Sous Henri II éclate, en 1548, une première Jacquerie, celle des *Piteaux* ou des *Guîtres*, qui s'étend dans tout le centre de la France, depuis la Saintonge jusqu'à Bordeaux. Cinquante mille paysans « s'embastonnent » au cri de : Mort aux Gabelous ! sous les ordres du châtelain de Puymoreau, qui s'intitule Grand coronal de Saintonge. La bourgeoisie et la noblesse elles-mêmes prennent parti pour les révoltés ; Henri II les désarme par ses promesses, puis il leur envoie Anne de Montmorency, un bourreau sans pitié dont il faut lire les exploits dans Brantôme. Le plat-pays est mis à feu et à sang, les *Guîtres* périssent dans des supplices inouïs. Puymoreau est décapité, et les chefs bourgeois Bouillon, Boismenin, Cramaillon et Chateauroux subissent le supplice traditionnel de ceux qui avaient l'audace de se conduire comme des rois des paysans : on les roue avec une couronne de fer rouge sur le front.

Cependant, la misère était affreuse ; pour s'en faire une idée, il suffit de lire le compte rendu des États-Généraux de 1560, sous Charles IX, où le Tiers présenta un tableau désolant de l'état des campagnes et des vexations des seigneurs (1).

On le voit mieux encore par les discours que tinrent les orateurs de la bourgeoisie dans les assemblées électorales qui précédèrent la réunion des États.

C'est ainsi que, dans une assemblée tenue à Angers, l'avocat protestant François Grimaudet fait entendre, plus de deux siècles avant Sieyès, ces paroles menaçantes : « Qu'est-ce « que le Tiers-État? Si l'on considère les services rendus, « c'est lui qui est tout et qui fait tout. » Puis il continue avec une sombre énergie, où gronde déjà le tocsin des guerres de religion : « Le pauvre peuple est comme la brebis qui tend le « dos pendant qu'on lui oste la laine; il est tant foullé qu'il « en est tout courbe... En regard de ces pauvres gens qui « vendent leur vache, leur porc, leur lait, pour acquitter les « taxes, gabelles et subsides; qui ne mangent que du pain et « ne boivent que de l'eau, voyez l'estat des prestres, des « abbés et des moines? Ils vivent en délices le jour et la « nuict; ils sont lubriques, paillards, simoniaques, vestus de « pourfilures et de broderies, testonés, épongés et parfumés, « semblables à des amoureux et à des prestres de Vénus et « non de Jésus-Christ, traînant après eux écuyers, palefre- « niers, laquais, rufiens, maistres d'hostel, courtisannes pom- « peuses et triomphantes, meutes de chiens de chasse et de « vénerie, oiseaux de volerie, nombre de grands chevaux et

(1) BONNEMÈRE. *Op. cit.*, t. Ier, p. 495.

« autres infinis bagages... Considérez maintenant l'estat des « nobles, ducs, barons, chevaliers et autres magnifiques sei- « gneurs. Avortons dégénérés de leurs pères, aussi débon- « naires envers l'ennemi, aussi peureux de l'offenser qu'on « les voit terribles à battre et à outrager le bonhomme au « village, ils sont magnanimes comme Hercule pour faire « violences infinies aux pauvres gens, pour voler le bien du « marchand, et ne bougent de leurs maisons quand la néces- « sité des guerres les appelle sur les champs de bataille! » (1)

La Réforme, en pénétrant au milieu de ces ferments de haine, allait ajouter encore aux horreurs de la situation.

Déjà, sous François Ier en 1545, une véritable boucherie de paysans réformés avait eu lieu dans le Comtat Venaissin, lorsque le baron Ménier d'Oppède se jeta sur les communautés vaudoises de Merindol, Cabrières et Lourmarin, brûla vingt-deux villages en vertu d'un arrêt du Parlement d'Aix, rasa les bois, détruisit les récoltes et tua quatre à cinq mille laboureurs inoffensifs, moins heureux que leurs frères du Piémont, dont les *compagnies volantes* repoussaient, en 1561, les reîtres du comte della Trinita jusqu'à la Rocca di Cavour.

Tel fut le lugubre prologue des guerres de religion en France. Bientôt le massacre de Vassy met le feu aux poudres (1562). Calvinistes et catholiques se jettent à l'envi sur les campagnes; les bandes de Montluc, de Des Adrets, de Boisjourdan, monstres à face humaine, ravagent, pillent et tuent. Quand les paysans désespérés se soulèvent, on les extermine, comme à Yrancy, en Bourgogne, où les reîtres du prince de Condé comblèrent le puits du village avec les cadavres des paysans.

(1) CHARLES AUBERTIN. *Op. cit.*, *Revue des Deux-Mondes*, du 1er février 1880, p. 658.

Sous Henri III, la Ligue vient mettre le comble à ces horreurs : Bussy d'Amboise, Saint-Luc, Eder de Fontenelle, autant d'atroces pillards déchaînés sur le peuple, comme au temps des grandes compagnies et de la guerre des Bâtards. Bientôt la révolte recommence. En Basse-Normandie, les paysans se réunissent en armes, en 1586, au village de Chapelle-Gautier, d'où leur nom de Jacques les Gautiers, se jettent dans le parti des Ligueurs et se font écharper.

En Bretagne, la guerre prend un caractère atroce : Ligueurs et royalistes s'y faisaient la guerre aux dépens de la *paysantaille* et s'amusaient à piller le bonhomme et à *appactir* le pays, comme les routiers du XVIe siècle. Tant de désordres exaspérèrent les « rustiques » à la longue chevelure ; armés de leur redoutable *penbas*, ils coururent sus aux nobles. « Ils atteignirent, nous dit M. de Carné, sous le coup d'excitations « trop vives pour leur faiblesse intellectuelle, les sombres « profondeurs de ce socialisme dont la racine gît au cœur de « tous les enfants d'Adam. (1) » Une sorte d'ivresse de sang s'empara de tous ces pauvres hères. Pendant dix ans le pays ne fut qu'un champ de carnage, et les deux tiers de la population de la Basse-Bretagne disparurent (2).

Il faut dire, à la décharge des rustiques, que la plupart des nobles bretons n'étaient que d'affreux bourreaux. « Ni les con- « dottieri d'Italie, dit M. de Carné (3), ni les reîtres de l'Alle- « magne, n'approchent des hideux personnages dont l'his- « torien de la Ligue en Bretagne est contraint d'évoquer la « mémoire. »

(1) L. de Carné, *Les États de Bretagne*. — *Revue des Deux-Mondes*, 1er octobre 1867, p. 711.
(2) L. de Carné. *Op. cit.*, p. 714.
(3) *Op. cit.*, p. 715.

Tel ce Guy Eder, baron de Fontenelle, ce cadet de Bretagne qui n'avait pas vingt ans et s'en allait, en 1589, piller le pays sous le couvert de la Ligue. Les paysans s'étant soulevés contre lui, il s'empara par surprise du château de Granec, tailla en pièces les assaillants, et, pour terrifier la contrée, laissa pourrir un millier de cadavres autour des murailles de son repaire.

A Quimper, à Penmarck, en vingt autres lieux, Eder commit les mêmes horreurs : cinq mille paysans furent égorgés, toutes les femmes déshonorées, et les historiens racontent que lorsque le monstre était fatigué de carnage, il faisait éventrer des jeunes filles et se délassait les pieds dans leurs entrailles (1) !

Qui le croirait? Après dix ans de tueries, Fontenelle fut gracié par Henri IV, et sans la conspiration de Biron, qui le fit rouer en place de Grève en 1602, il eût sans doute joui en paix du fruit de ses crimes.

Tant de désastres avaient épuisé le Bretagne ; la famine, la peste et les loups succédèrent à Fontenelle. Ces derniers semblaient avoir hérité de la férocité raffinée du baron-bandit. « Ils épluchaient les hommes, » disent les chroniqueurs. Le peuple les appella *tut-bleis,* hommes-loups, croyant voir en eux un avatar des soudards morts de Fontenelle.

Écrasée par la guerre civile, la France se mourait. « Votre « peuple n'est plus, » disaient déjà à Henri III les États-Géné-

(1) Bonnemère. *Op. cit.*, t. Ier, p. 521, et L. de Carné, *Op. cit.*, pp. 717 et 718.— C'était, du reste, un droit que s'arrogeaient parfois certains seigneurs. — Bonnemère cite dans son ouvrage, t. II, pp. 260 et 261, plusieurs sources qui font mention de ce privilège barbare. Il fut même rappelé à la tribune de l'Assemblée nationale, par le député Lapoule, dans la fameuse nuit du 4 août 1789.

raux de 1589, par l'organe de l'orateur Étienne Bernard, et cela quelques jours seulement après l'assassinat du duc de Guise. « Vos officiers, Sire, vos soldats, vos gens de finance, « comme furieux et vrais parricides, ont déchiré, meurtri, « violé et saccagé cette France, notre mère commune, « avec une hostilité si barbare que la plupart des terres sont « sans culture, les lieux fertiles déserts, les maisons vuides, « tout le plat pays dépeuplé, toutes choses réduites en un « désordre épouvantable. Et l'on parle d'imposer de nouvelles « charges! Et sur qui? Sur un pauvre passant, détroussé « et mis en chemise; car c'est ainsi qu'il faut représenter « l'état de votre peuple. Il est temps de mettre un terme « à ces désordres dont la clameur monte jusqu'au ciel. « Autrement la simplicité et crainte de vos sujets se tournera « en audace et vengeance, et la nécessité les portera au « désespoir. »

Enfin, Henri IV parvint à réunir dans ses fortes mains les rênes du pouvoir; l'édit de Nantes mit fin aux troubles de religion, en 1598, et de nombreuses ordonnances permirent aux paysans de courir sus aux bandits qui les rançonnaient. Sully n'avait-il pas dit d'ailleurs que le labourage et le pâturage étaient les deux mamelles nourricières de la France?

Cependant, le mal était si profond que de nombreux soulèvements se produisirent encore sous l'influence de la misère. Le principal est celui des Tard-Avisés ou des Croquants, qui s'étendit en 1594 sur les deux rives de la Loire, dans l'Agénois, la Manche, le Limousin, la Saintonge, le Périgord et le Poitou. « Sus aux croquants! » criaient les paysans en se jetant sur les percepteurs de tailles. De là leur nom.

Il fallut deux ans pour apaiser cette révolte, dirigée, de l'aveu des Croquants eux-mêmes, contre « les inventeurs de

« subsides, voleurs, receveurs et commis ». Dans le Périgord, où ils étaient quarante mille sous les ordres d'un notaire du pays, on dut finir par composer avec eux et leur remettre les tailles qu'ils ne pouvaient plus payer.

En somme, la France souffrait encore de deux grands maux : les mauvaises finances et les bandes de pillards. Sully y pourvut. Les finances, dont la perception, d'après M. J.-B. Say, était si défectueuse, que pour recueillir 30 millions le trésor devait en prendre 150 aux campagnes, les 4/5 de la recette restant aux mains des maltôtiers, furent régularisées.

Quant aux bandits, ces restes des grandes compagnies avaient déjà reçu un premier coup par la destruction des Bandouillers ou compagnies d'Olmières, en 1555; ils avaient reparu après les troubles de la Ligue sous le nom de Guillerys (à cause des trois nobles bretons qui les commandaient, les frères Guillery), et parcouraient la Bretagne et la Normandie au cri de : Paix aux gentilshommes, mort aux prévôts ! Bourse aux marchands ! Henri IV envoya contre eux cinq mille hommes et les détruisit (1608).

Pendant un instant, la France respira.

2° *Les révoltes des paysans sous les Bourbons. Les Bonnets bleus et les Camisards.*

Avec le XVIIe siècle la royauté s'affermit en France, mais le système gouvernemental ne change pas : vivre non pour le pays, mais aux dépens du pays, telle reste la maxime des puissants. Autrefois, c'étaient les hauts barons et les compagnies ; maintenant c'est le roi, ses gouverneurs et son armée.

Aussi, lorsque Louis XIII rassemble les États-Généraux, en

1614, entendons-nous sans étonnement les orateurs du Tiers, Savaron et Miron, faire le plus lugubre tableau de la misère des paysans, attaquer les mauvais nobles, « cette race de vi- « pères qui étouffent leurs pères nourriciers », et prendre en mains la cause de « ce pauvre peuple, qui est obligé de « manger l'herbe comme les bêtes, et sans lequel pourtant « rien n'existerait ». Miron va plus loin encore : il prophétise l'avenir et agite devant les yeux du roi, comme l'avait fait Étienne Bernard vingt - cinq ans auparavant, l'éventualité menaçante « où le désespoir fera connaître au pauvre peuple « que le soldat n'est autre chose qu'un paysan portant les « armes, et où le vigneron, ayant pris l'arquebuse, d'enclume « qu'il est, deviendra marteau ».

Suprême avertissement de la France à la monarchie, ces paroles de Miron sonnent comme un glas funèbre et semblent, deux siècles à l'avance, prédire à la royauté la catastrophe où vont l'entraîner lentement les abus du pouvoir personnel !

Mais les conseils du Tiers tombaient dans le désert. On voyait le mal, on n'y portait point remède. Seul, Richelieu, de sa main de fer, entreprit de protéger les pauvres. Dès 1626, il invitait les notables à régler les tailles de façon que « les « pauvres, qui portent la plus grande charge, fussent soula- « gés », et tentait d'arrêter le banditisme des gentilshommes.

Malheureusement, la guerre de Trente ans vint tout bouleverser à nouveau : cent cinquante mille soldats français, allemands, suédois, croates et hongrois, suivis d'une cohue de femmes, de valets, de goujats d'armée et de bandits, vaste horde de cinq cent mille hommes, se ruèrent sur la Lorraine et la mirent à sac. La dévastation fut telle que les paysans retournèrent à la vie des bêtes fauves et à l'anthropophagie primitive ; on les appela les Chenapans, les *schnapphähne* (coqs qui grippent ?), et pendant trente ans ces *out-laws* de nouvelle espèce furent la terreur du pays.

Toutes les provinces frontières, la Picardie, la Franche-Comté, la Bourgogne, subirent le même sort et virent naître les mêmes Jacqueries, telles que le soulèvement des vignerons du centre, en 1636 et 1637, et la révolte des Va-nu-pieds de Normandie, en 1639. Comme les Croquants, ces derniers en voulaient aux « gabeleurs ». Conduits par un nommé Jean Va-nu-pieds, ils firent de Rouen et de Caen leurs places d'armes. Attaqués par quatre mille hommes de troupes régulières, sous les ordres de Gassion, les paysans soutinrent pendant cinq heures, dans le faubourg d'Avranches, une lutte de géants. Ils se firent tuer sur place. Les dix survivants furent pendus, sauf un seul qui consentit à pendre les neuf autres et traîna depuis lors une vie maudite. Un de leurs chefs, héros obscur, qui pendant le combat d'Avranches avait fait des prodiges de valeur dignes de Lalouette et du Grand-Ferré, fut roué vif à Caen.

Quatre ans plus tard, nouveau soulèvement des paysans de la Rouergue, sous les ordres d'un chirurgien de Villefranche, Petit. Comme les autres, il est étouffé dans le sang.

Les désordres de la Fronde, qui faisaient tant rire les Parisiens, furent pour les pauvres laboureurs la source de nouvelles et épouvantables misères. Condé, Turenne et Charles de Lorraine, trois grands hommes dans l'histoire officielle, trois cruels soldats aux yeux de l'humanité (1), déchaînent sur le plat-pays leurs bandes féroces et sanguinaires, dignes de figurer parmi celles dont Callot a fixé pour jamais la sinistre silhouette dans ses *Misères et Malheurs de la guerre.*

(1) Bonnemère le prouve avec pièces à l'appui. — *Op. cit.*, t. II, pp. 46 et sq.

Du reste, les grands jours d'Auvergne de 1665 éclairent la situation d'une lueur vengeresse et nous font voir, au-dessous de ce monde doré et rayonnant de Versailles, le monde hideux des tourmenteurs du peuple et des seigneurs bandits, le monde des marquis de Canillac, des barons de Senegas, des La Motte-Tinguy, qui prétendaient même encore exercer le droit de markette.

Mais le plus grand ennemi du peuple, c'était maintenant le fisc royal, la maltôte.

En vain Colbert essaya-t-il de reprendre l'œuvre de Richelieu et de régulariser les charges : les nobles faisaient « sou-« lager leurs terres » et le surplus retombait sur les paysans. Du reste, les folles guerres de Louis XIV, ses prodigalités insensées ne faisaient qu'allourdir le poids de l'impôt ou, comme l'écrit Mme de Sévigné, « mettre le peuple sous le pressoir ».

« Les pauvres hommes des champs ressemblent à des carcasses déterrées, » dit une pièce du temps (1).

Aussi, malgré la puissance du Grand Roi, les Jacqueries recommencent de plus belle. Après les *Sabotiers* de la Sologne, en 1658, ce sont les *Bonnets bleus* de Bretagne en 1675.

Les Bretons venaient de racheter les édits contraires à leurs franchises moyennant la somme de 5,200,000 livres. Le roi prit l'argent, et, l'année suivante, rétablit impudemment les impôts supprimés, entre autres celui sur le papier timbré.

Aussitôt, la Bretagne courut aux armes. Il faut lire dans M. de Carné (2), si modéré pourtant, l'histoire de cette révolte du papier timbré, pour comprendre jusqu'à quel degré les

(1) Bonnemère. *Op. cit.*, t. II, p. 84.

(2) L. de Carné, *Les États de Bretagne*. — *Revue des Deux-Mondes* du 15 décembre 1867.

classes privilégiées poussaient alors le mépris du peuple et des paysans. « Ce que le peuple poursuivait d'une haine impla-« cable, c'étaient les maltôtiers, nous dit M. de Carné (1). « ... Ce peuple ne tarda pas cependant, il faut bien le recon-« naître, à passer de la haine des bourgeois enrichis à la « haine des gentilshommes, et rien n'était plus naturel, « puisque la fatalité des circonstances avait partout trans-« formé ces derniers en auxiliaires d'un pouvoir universelle-« ment abhorré. »

Le code paysan des quatorze paroisses de Penmarck nous fait toucher du doigt, dans ses stipulations naïves, le vrai motif de l'insurrection : on y voit les paroisses s'unir « pour la « liberté de la province »; les droits de champart, la corvée, la dîme, les impôts injustes, les moulins banaux, le papier timbré seront abolis ; la chasse aux pigeons sera libre, la justice rendue par gens capables, élus et gagés, et les épices supprimées; il sera défendu, « à peine d'être passé par la fourche, » de donner retraite à la gabelle et à ses enfants ; les gens « de condition commune » épouseront les filles nobles, afin d'être anoblis par elles et de recevoir une part dans leurs successions.

Comme on le voit, nous sommes bien là en présence d'une véritable Jacquerie. Au dire du gouverneur, le duc de Chaulnes lui-même, les paysans se plaignent de ce que les seigneurs les font travailler sans plus de considération que pour leurs chevaux. Phrase stéréotypée, et qui se retrouve dans toutes les guerres des paysans. Mme de Sévigné a bien décrit « cette colique pierreuse » du gouverneur, comme elle l'appelle ; cette révolte des Bonnets bleus, des *Torrébens*

(1) *Op. cit.*, p. 855.

(casse-têtes), « qui avaient grand besoin d'être pendus pour « apprendre à vivre ». Avec une froideur presque cynique, la belle marquise nous détaille toutes les horreurs de la révolte, dans son style pittoresque et spirituel. « On a pris « soixante bourgeois, écrit-elle; on commence à pendre « demain. Cette province est un bel exemple pour les autres, « et surtout de respecter les gouverneurs et gouvernantes, de « ne point leur dire d'injures et de ne point jeter des pierres « dans leur jardin. »

Si la tendre marquise, si la mère sentimentale de Mme de Grignan parle ainsi des pauvres gens qui venaient de se soulever pour la défense de leurs droits les plus sacrés, quels devaient être les sentiments des hommes et des soudards envoyés contre les révoltés?

Pour faire un exemple, Louvois lança sur la malheureuse Bretagne dix mille bandits, qui, pendant trois mois, y commirent des horreurs sans nom, « vivant, nous dit la mar-« quise, comme s'ils étaient encore au delà du Rhin, » pillant, brûlant, violant, mettant des enfants à la broche pour les faire rôtir.

Charmant spectacle, que Mme de Sévigné continue à nous détailler avec la plus aimable désinvolture.

« Ils mirent l'autre jour un petit enfant à la broche, écrit-« elle; mais, d'autres désordres, point de nouvelles... Nous « avons trouvé deux grands vilains pendus à des arbres sur le « grand chemin; nous n'avons pas compris pourquoi des « pendus, car le bel air des chemins, il me semble que ce sont « les roués. »

Et plus loin : « Nous ne sommes plus si roués; un en huit « jours seulement pour entretenir la justice! »

Après cela, libre à M. de Carné et à bien d'autres de trouver qu'on a calomnié le cœur de Mme de Sévigné; nous croyons qu'il vaut mieux se rappeler la parole de Tocqueville, que nous citions naguère, et dire avec lui que l'on ne ressent bien que les misères des gens dont on partage plus ou moins le genre de vie. Or, sous Louis XIV, dans le monde de Mme de Sévigné, qui donc a l'air seulement de se douter qu'il y a un peuple? Un abîme sépare ces deux classes sociales, et ce seul fait nous explique bien des choses.

La marquise est plus dans le vrai quand elle constate mélancoliquement, à la fin de la révolte, « qu'il n'y a plus de « Bretagne et que c'est dommage ! »

Pendant un siècle, en effet, les paysans bretons devaient rester engourdis dans un pesant sommeil, pour ne se réveiller qu'à la veille de la Révolution.

Après la Jacquerie des Bonnets bleus, la plus terrible révolte des paysans sous Louis XIV est celle des Camisards des Cévennes.

La révocation de l'édit de Nantes, en 1685, et les excès des dragons, ces missionnaires bottés, avaient profondément exaspéré les paysans cévenols. Les cruautés de l'intendant Basville et de l'abbé de Chayla contre les huguenots firent éclater la révolte. Le Languedoc tout entier se souleva en 1702. Pendant dix ans, les Camisards (de *camisa,* chemise) tinrent en échec les armées du Grand Roi. M. Peyrat, dans son beau livre : *Les Pasteurs du désert,* a retracé en termes saisissants cette Jacquerie d'un nouveau genre, où revivait l'esprit mystique du moyen âge, et qui avait, comme les Vaudois, les Hussites et les Anabaptistes, ses prophètes et ses cérémonies. A la tête des *Enfants de Dieu,* comme s'appelaient eux-mêmes les Camisards, marchaient des chefs héroïques, tous sortis des derniers rangs du peuple, laboureurs, bergers, artisans et cardeurs de laine, tels que Roland, Ravenel, Catinat, Salomon et le célèbre pâtre-boulanger, Jean Cavalier, un héros de vingt ans digne des plus hautes destinées.

Abolition des impôts et liberté de conscience! tel était le cri des Camisards. Le roi soleil leur opposa les *Camisards blancs*, ignoble ramas de bandits qui, sous les ordres de Montrevel et de Villars, et avec l'autorisation du pape Clément XI et l'appui de Fléchier, traitèrent les paysans cévenols comme Simon de Montfort avait traité les Albigeois. Des deux côtés ce fut une guerre sans merci, qui ne se termina que par l'anéantissement de la Provence et du Languedoc (1711) (1).

Les dernières années du règne de Louis XIV furent pour les paysans français une époque d'épouvantables souffrances. La guerre, les impôts et le terrible hiver de 1709, avec son *pain de disette*, la rupture répétée des digues de la Loire, l'accaparement des blés, tout contribuait à accabler le pauvre peuple.

La Bruyère nous a peint en termes inoubliables ces paysans de la fin du grand règne, « ces animaux farouches, mâles « et femelles, attachés à la terre qu'ils fouillent avec une « opiniâtreté invincible. »

Et plus ils étaient pauvres, plus le fisc s'étendait sur eux comme une pieuvre insatiable. « Quatre vingt mille fripons « de gabeleurs, dit Saint-Simon, s'enrichissent aux dépens du « peuple. » Fénelon, dans ses *Mémoires*, le comte de Boulainvilliers, dans son *Analyse des Mémoires des intendants de France*, Vauban, dans sa *Dîme royale*, le répètent : c'est le fisc

(1) Jean Cavalier finit par traiter avec le roi de France. Mal reçu à Versailles, il entra au service de l'Angleterre et mourut gouverneur de l'île de Jersey, en 1740.

qui tue le paysan. Vauban nous parle avec indignation « des « vexations inexprimables des commis aux aides; » il met à nu les plaies dont souffre la France : « des agents employés à « la levée des revenus, écrit-il, il n'en est pas un qui soit « honnête. Tous les paysans qui composent le royaume sont « universellement ruinés. »

Ils devaient le rester jusqu'à la Révolution. Ni la régence, ni Louis XV ne réussirent à relever la classe agricole.

En 1725, Saint-Simon pouvait écrire au cardinal Fleury que « les pauvres gens de Normandie mangent de l'herbe et que « le royaume se tourne en un vaste hôpital de mourants et de « désespérés. »

Et Massillon, en 1740 : « Les nègres des îles sont infiniment « plus heureux que les paysans de l'Auvergne. »

Ces lamentations impuissantes, cette misère sans nom se continuent pendant tout le XVIIIe siècle ; les famines se renouvellent tous les ans, le pain de fougère apparaît, les accaparements de blé, les dilapidations effrénées des fermiers généraux se multiplient, le mal gagne jusqu'au roi lui-même, et l'on voit Louis XV, non content de puiser à l'aise dans les coffres de l'État par ses acquits au comptant, se mettre en personne à la tête des accapareurs et tremper dans le pacte de famine !

Comme le dit M. Taine (1), à la fin du XVIIIe siècle le peuple ressemble « à un homme qui marcherait dans un étang, ayant « de l'eau jusqu'à la bouche ; à la moindre dépression du sol, « au moindre flot, il perd pied, enfonce et suffoque. »

Une révolution seule peut le sauver.

(1) *L'Ancien régime*, p. 440.

4° Les guerres des paysans en Espagne et dans les Iles Britanniques.

Avant de terminer l'examen des guerres des paysans dans l'occident de l'Europe, il convient de jeter un coup d'œil sur l'Espagne et l'Angleterre.

En Espagne, depuis Charles-Quint, l'absolutisme royal, en heurtant les vieilles franchises provinciales, avait fait éclater bien des révoltes, qui, jusqu'à un certain point, peuvent être considérées comme des guerres de paysans.

Telles la révolte des Communeros et de Don Juan de Padilla, en 1520; celle des Germanats de Valence, véritable fraternité armée contre les nobles et les prêtres ; celle de l'Aragon sous Juan de la Nuça contre l'Inquisition et Philippe II. Toutes ces insurrections furent vaines et la tyrannie royale enleva une à une aux provinces leurs antiques fueros et les garanties du Fuero Jugzgo et des *Siete partidas* d'Alphonse X.

La révolte des Maurisques, conduite par le meunier Mellini Saquien, contre Philippe III, en 1609, est une guerre de paysans bien caractérisée, qui se termina par l'expulsion des Maures et la ruine complète de l'agriculture dans toute l'Espagne.

La révolte de la Catalogne sous Philippe IV, en 1640, a la même physionomie. De temps immémorial, les Catalans avaient eu leurs *borderers*, montagnards indépendants, habitués à « andar en trabajo » (aller à la peine) dans les forêts, où ils menaient la vie des bandits, terribles aux riches, amis des laboureurs du bas pays.

Or, en 1640, en pleine guerre du Roussillon, le duc d'Olivarès ordonna au vice-roi de Catalogne, le comte de Santa-Coloma, de nourrir ses troupes aux dépens des habitants. « Que tout homme aille à la guerre, que toute femme porte la « paille et le foin ! » disait-il.

Ainsi déchaînées, les troupes royales commirent des excès inouïs, brûlant les villages, tuant les habitants.

Les fiers Catalans n'étaient pas habitués à se voir traiter ainsi : le 7 juin 1640, jour du Saint-Sacrement, les moissonneurs descendirent dans Barcelone au nombre de plus de deux mille ; l'un d'eux ayant été blessé, une rixe éclata et bientôt la ville fut en feu avec les cris de : « A bas les Cas-« tillans ! Vive la Catalogne ! »

Le vice-roi fut massacré dans son palais, et toute la province s'insurgea et s'érigea en république, puis finit par se donner à Louis XIII en haine des Castillans. Il fallut le traité des Pyrénées, en 1659, pour mettre un terme à cet état de choses. Ce traité accordait aux révoltés une amnistie complète.

En 1700 eut lieu une nouvelle prise d'armes ; elle coûta pour un instant aux Catalans une partie de leurs privilèges, qui ne leur furent rendus qu'en 1759 par le roi Charles III.

En Angleterre, la crise de 1648 fit éclater aussi plusieurs Jacqueries. Tel est, par exemple, le soulèvement des *Covenantaires* d'Écosse, de 1679. Persécutés par les Anglais, traqués par des chiens de chasse jusque dans les champs et les montagnes où ils tenaient leurs *assemblées du désert* et leurs conventicules, écharpés enfin par les dragons anglais et les highlanders pillards, les paysans presbytériens massacrèrent l'archevêque de Saint-André et coururent aux armes. Précédés du drapeau bleu, suivis de leurs femmes et de leurs enfants, ils marchèrent bravement contre les troupes de

Monmouth et se firent tailler en pièces au pont de Bothwell.

Quelques années plus tard, terrible expiation du massacre de Bothwell, le même Monmouth se faisait battre à son tour dans les bruyères de Sedgemoore, à la tête d'une Jacquerie des paysans des Cornouailles (1686).

Plus lamentables encore furent les Jacqueries irlandaises, depuis la terrible révolte de Phélim O'Connor et le massacre de huit mille Anglais, en 1640. La sanglante répression de Cromwell, l'expropriation de l'Irlande au profit des Anglais ne firent qu'élargir l'abîme qui séparait les fils d'Erin des descendants des Saxons. Dès l'avènement de Guillaume III, des révoltes sans nombre commencèrent à s'élever contre les Orangistes. Telle, au sud, celle des *White Boys*, en 1750, dont les adhérents portaient une souquenille blanche et dont la cause était l'expulsion des laboureurs par les propriétaires anglais, qui voulaient transformer leurs terres en prairies pour l'élève du bétail.

Telle, au nord, celle des *Hearts of Oak*, qui portaient une branche de chêne au chapeau.

Puis viennent les *Hearts of Steel*, les cœurs d'acier, et les *Right Boys*, enfants du droit, qui juraient de ne plus payer la dîme à personne, pas même aux prêtres catholiques et n'obéissaient qu'à un chef mystérieux : le captain Right (1762).

Toutes ces sociétés secrètes ne cessèrent d'agiter l'Irlande jusqu'à la Révolution française, dont le contre-coup allait provoquer une dernière et terrible Vendée, celle des Irlandais-Unis de 1798.

5° Les guerres des paysans dans l'Europe orientale.

1° *État des paysans russes au* XVIe *siècle.*

Les guerres des paysans dans l'Europe orientale, bien que déterminées, au fond, par les mêmes causes que celles de l'Occident, ne se développent pourtant pas sur un plan exactement parallèle à ces dernières. C'est qu'entre la société slave et la société germanique, il y a un abîme. Tandis qu'en Occident la civilisation commence par la féodalité et se développe lentement par l'expulsion successive des divers éléments féodaux, en Orient, au contraire, le cycle social débute par la liberté, pour aboutir à la féodalité.

La conquête, en effet, n'a pas établi dans ces contrées deux classes d'hommes : depuis les grands princes jusqu'au dernier des paysans, tous sont des hommes de la même race, des Slaves.

Éparpillés dans une plaine immense, sans centre naturel, voués à l'agriculture par essence, les Slaves n'étaient pas faits pour la savante hiérarchie du vasselage.

L'idée de l'unité de l'État, de la superposition des groupes, leur était absolument étrangère (1).

Pour les Slaves, pour les Russes surtout, l'unité sociale c'est le *mir* ou la *hromada*, la commune soumise à l'autorité des anciens réunis en *vetché*, et dont tous les habitants sont communistes, sauf en ce qui concerne le *dvor*, l'enclos qui entoure l'*isba;* les communes les plus rapprochées forment le *volost*, le canton, à son tour administré par un conseil. Quant à l'État,

(1) ALFRED RAMBAUD, *Histoire de la Russie*, p. 36.

quand il existe, ce n'est guère qu'une confédération, plus ou moins transitoire, de *volosts*.

Dans une pareille société, le paysan joue un rôle prééminent, tout-puissant. Il est la force et la sève de la nation, et les *bylines,* que chantaient les *kaliéki,* ces aèdes aveugles, ne sont le plus souvent qu'une glorification perpétuelle du laboureur personnifié par des *bogatyrs,* tels que le fameux Ilia de Mourom (1).

Dans la Russie du moyen âge le servage n'existe donc pas. Sans doute, la société russo-varégue qui entoure les princes germaniques du sang de Rurik, nous présente des institutions aristocratiques; la *droujina* du prince ressemble à la *truste* des rois mérovingiens, et l'on y trouve déjà les germes de la hiérarchie féodale : les *gridi,* simples gardes, les *mouges,* ou hommes (barons), et les *boïars* ou grands seigneurs; mais les masses rurales se composent encore, en grande partie, des paysans libres, les gens, les *lioudi.* Cependant, autour du grand prince, du Vélikii Kniaz de Kief, le paysan commence à se trouver restreint dans sa liberté : il ressemble déjà au colon romain, on l'appelle *smerde* (de *smerdiet,* sentir mauvais), *mougik,* petit homme; plus tard on l'appellera *krestianine,* chrétien, à l'inverse de ses frères d'Occident, qui prennent le nom de *pagani,* païens.

Du reste, là comme ailleurs dans les bas-fonds de la société on rencontre encore les esclaves, les *rabi* ou *kholopy.*

A la fin du XIIe siècle, l'élévation des kniazes de Vladimir et de Sousdal, pères des tsars de Moscou, fortifia les liens de l'État et restreignit encore les vieilles libertés.

(1) Voir les *Contes populaires de la Russie,* par M. Léger, — *Revue des Deux-Mondes,* 1er septembre 1873; et *la Russie épique,* par M. Rambaud.

Vers le même temps le régime des fiefs et le servage de la glèbe commençaient à s'introduire dans la Slavie occidentale avec les Porte-Glaives et les chevaliers Teutoniques, les *Saxa* comme les appellaient les paysans opprimés, ainsi que le faisaient les Irlandais vis-à-vis des barons normands.

L'invasion mogole vint retarder de deux siècles le développement normal de la société russe; les dynastes furent vaincus à la Kalka et à la Sita (1238), les boïars abaissés, les populations décimées, et la Horde d'or compta les kniazes russes parmi ses vassaux.

Comme toujours, le paysan souffrit le plus des maux de l'invasion; c'est peut-être même dans ce temps-là que le nom de *krestianine*, de chrétien, commença à le désigner, parce que, fidèle à sa foi, il était réfractaire aux usages mogols qui s'infiltraient dans l'aristocratie (1).

Le joug mogol, la *tatarchtchina*, eut sur le développement social de la Russie des effets évidents. Sans doute, on ne peut lui attribuer précisément la soumission servile, ni la reclusion des femmes, le *terem*, qui s'expliquent aussi bien par l'imitation byzantine; mais il est certain que le joug tartare, en retardant la civilisation russe, la mit en arrière vis-à-vis du reste de l'Europe; il est certain aussi que le caractère autocratique du tsarisme, l'accroissement des richesses de l'Église, la multiplication des couvents et de leurs paysans, qui troquaient ainsi leur liberté pour obtenir la sécurité, l'impôt de capitation, l'organisation militaire, ont été grandement favorisés par la domination des Mogols.

Les longues guerres qui succédèrent à la victoire de Dmitri Donski à Koulikovo sur la Horde d'or, en 1380, et les excès

(1) Rambaud. *Op. cit.*, p. 144.

des grandes compagnies mogoles du xve siècle, bons compagnons de Novogorod, aventuriers lithuaniens, routiers, vagabonds, brigands, tsarévitches mogols, qui se vendaient à qui voulait les payer, augmentèrent encore les maux dont souffraient les campagnes et les jetèrent de plus en plus dans les bras des puissants.

Aussi, quand, au xvie siècle, Ivan le Terrible prit le titre de Tsar et transforma le pays en royaume, la position des paysans russes était-elle bien changée.

L'aristocratie des boïars et des dvorianes ou enfants boïars, comme on appelait les petits nobles, faisait régner la terreur sur la plus grande partie des pays de l'empire. Sans doute Ivan essaya de la dompter : il se donna une cour, une *douma* (conseil) et une garde à lui, les *opritchniki ;* mais il dut continuer à laisser administrer la majeure partie de l'empire par la *douma* des boïars, qui constituait le régime du pays, la *zemchtchina*.

Dans ce système, les francs alleux, *votchiny*, s'étaient presque tous changés en fiefs, *pomiestié*, dont le revenu était censé servir de solde à la cavalerie des boïars. La majeure partie des laboureurs se trouvaient donc réduits au rang de paysans inscrits sur les domaines des nobles, légalement libres de leur personne comme les *coloni adscriptitii* de Rome, mais qui allaient bientôt passer à la condition de *krépostnyi* ou serfs de la glèbe. Le reste des classes rurales se composait des rares cultivateurs libres et des esclaves, *kholopy*, dont une partie servaient comme esclaves domestiques, *dvorovié*, dans les maisons des grands, et se trouvaient soumis à tous les caprices de maîtres barbares.

En somme, alors qu'en Occident la Renaissance commençait à soulager les classes rurales, le paysan russe, comme le dit M. Rambaud (1), « tendait de plus en plus, pour l'État « comme pour le propriétaire, à n'être qu'une bête de somme, « une force productive dont on peut user et abuser ».

Sans doute, la force du principe communal, du *mir*, véritable personne civile, seule responsable envers le maître, rendait la position du serf russe moins pénible que celle de ses frères d'Occident ; mais elle le rendait aussi moins patient du joug.

Aussi voyons-nous éclore une multitude de révoltes, dont les principales sont les trois grandes Jacqueries, des Touchinistes et des Cosaques, au XVIIe siècle, et de Pougatchef au XVIIIe. C'est d'elles que nous allons nous occuper en peu de mots.

2° *Les Touchinistes.*

Ivan le Terrible venait de mourir ; son fils Féodor, prince faible, se trouvait à la merci de la *douma* des boïars et de leur chef, Boris Godounof, le grand boïar. Dévoré d'ambition, ce dernier écartait systématiquement du tsar toute autre influence que la sienne. Féodor avait un frère, Dmitri ; Godounof le fit assassiner à Ouglitch, en 1591. Puis il se retourna contre la grande noblesse, et, pour la battre en brèche, s'appuya sur le clergé en créant le patriarcat, et sur les petits nobles en attachant le paysan à la glèbe, afin d'empêcher les serfs des petits nobles de passer sur les terres des grands.

Le paysan protesta, et l'on vit commencer vers le Don et le Dniéper cette longue émigration des Krestianines qui vou-

(1) RAMBAUD. *Op. cit.*, p. 254.

laient rester libres et préféraient la vie cosaque à l'esclavage. Bientôt, Féodor mourut, et, la race de Rurik se trouvant éteinte, Boris Godounof demeura seul maître de l'empire (1598).

Mais aussitôt la révolte, qui grondait depuis des années et qu'attisaient de récentes famines, éclata contre l'usurpateur. Cependant, cette Jacquerie, mal organisée, n'eût pas résisté longtemps si elle n'eut tout à coup trouvé son appui dans une de ces idées générales qui frappent l'imagination populaire : le bruit se répandit que Dmitri avait échappé aux assassins d'Ouglitch et qu'il avait reparu (1604). On vit alors un phénomène qui s'était déjà produit en Angleterre, sous John Cade : un aventurier, misérable moine, Grégoire Otrépief, souleva tout un peuple en se donnant comme fils de roi. Déjà enfermé une première fois par Boris, il s'était sauvé chez les cosaques Zaporogues, puis chez les Polonais, sous le nom du prince Dmitri, et avait fini par épouser la fille du palatin de Sandomir, Marina Mnichek, et par obtenir l'appui du roi Sigismond, du pape et des Jésuites, tous désireux de mettre la main sur la Russie.

Bientôt, le faux Dmitri entre en Russie; boïars, paysans, libres kosaks se joignent à lui, et la mort de Godounof déchaîne l'anarchie. Le fils et la femme du grand boïar sont massacrés par la populace de Moscou, et le moine Otrépief fait dans la capitale des tsars une entrée triomphale (1605). C'était, du reste, un homme très remarquable, instruit, habile, sceptique et chevalier accompli. Mais ses façons hautaines blessèrent les boïars; assailli par eux dans le Kremlin, il fut égorgé et son cadavre brûlé (1606).

Un ancien serf, Bolotnikof, le remplaça, et dès lors commença la guerre servile. Bolotnikof annonçait l'arrivée d'un nouveau Dmitri; à la tête des esclaves, des serfs, des kosaks, de tous les opprimés et de tous les bandits, il marcha à son tour sur Moscou. Sa mort à Toula n'empêcha pas le second Dmitri de s'établir à Touchino, aux portes de la capitale. Il avait épousé Marina, la veuve d'Otrépief. Son origine, son nom sont restés un mystère; on l'appelait le brigand de Touchino, d'où le nom de Touchinistes qui fut donné à ses partisans.

Alors, en face du tsar de Moscou, Vassili Galitsyne, on vit se dresser le tsar de Touchino; malheureusement, l'indiscipline se mit dans les rangs de ses troupes, ramas confus de paysans et d'aventuriers. Pour détacher de lui les Polonais, qui le soutenaient, les Moscovites leur ouvrirent leurs portes, et le brigand de Touchino, obligé de se retirer, fut assassiné dans la retraite.

Le fils qu'il avait eu de Marina, le remplaça sous la tutelle du cosaque Zaroutzki : c'est le troisième faux Dmitri. Alors l'anarchie devient épouvantable, les Suédois se jettent sur Novgorod, les Polonais sont à Moscou, le tsar Vassili est prisonnier à Varsovie; les Touchinistes et leurs adversaires pillent, brûlent et tuent; on dirait la France au temps de Jeanne d'Arc (1612). Comme au temps de Jeanne d'Arc aussi, c'est du peuple que sortit la délivrance : un boucher de Nijni, Kouzma Minine, se mit à la tête des patriotes. « Cherchons un « homme, dit-il, n'épargnons ni terres ni biens; engageons « même nos femmes et nos enfants pour sauver la Russie. »

L'homme, ce fut le prince Dmitri Poïarski; sous sa conduite, une véritable croisade s'organisa contre les Polonais et les brigands, et Michel Romanof fut élu tsar par une grande assemblée nationale (1613).

Il se trouvait à Kostroma lors de son élection, et les Polonais, avertis, essayèrent de l'y surprendre; mais le paysan qu'ils avaient choisi pour guide, Ivan Soussanine, égara les troupes dans la forêt et mourut sous leurs coups pour sauver son prince. Glinka, dans l'opéra célèbre *la Vie pour le tsar*, a mis en scène ce paysan héroïque, digne émule du laboureur flamand de la bataille de Gâvre.

La répression fut terrible : les cosaques du Don furent attaqués dans Astrakan et leur chef Zaroutzki empalé. Le fils du brigand de Touchino fut pendu, sa mère Marina emprisonnée à vie, et les dernières bandes touchinistes, sous les ordres du brigand Baloven, détruites devant Moscou.

Ainsi se termina la première grande Jacquerie des paysans russes; compliquée d'éléments étrangers et de luttes nationales, elle laissait le pays ruiné, le brigandage passé à l'état endémique et le *krestianine* plus écrasé que jamais sous le despotisme de la *douma* des boïars.

3° *La Jacquerie Cosaque.*

A peine la Jacquerie de la Grande Russie était-elle finie que commença celle de la Petite Russie et de la Russie blanche, alors entre les mains des Polonais. La diète de Lublin, en 1569, avait consacré l'union politique de ces deux pays avec le reste de la Pologne, et l'influence des Jésuites y avait bientôt ajouté l'union religieuse, en 1595.

Écrasés d'un côté par les magnats, la *schliachta* polonaise, et leurs intendants cupides, les juifs arendateurs, persécutés de l'autre par les Jésuites, les paysans orthodoxes se trouvèrent bientôt réduits à la plus triste situation. Les Russes blancs de la Lithuanie patientèrent, mais les Ukrainiens de la Petite Russie ne tardèrent pas à se soulever. Depuis la chute des Tatars, il s'était formé dans les Ukraines toute une population de laboureurs-soldats (1), groupés en *hromada* et en *polks*, et ayant à leur tête un hetman qui gouvernait avec l'aide d'un conseil des anciens, la *starchina*.

Or, de ces laboureurs, la Pologne n'en voulait reconnaître que six mille, en qualité de paysans libres ayant le droit de porter les armes, de kosaks inscrits sur les registres.

A ces kosaks enregistrés, il fallait joindre les kosaks du Don et les kosaks Zaporogues (d'au delà les porogs ou rapides du Dniéper), véritables moines-soldats dans le genre des Templiers et des Hospitaliers, qui poursuivaient avec leurs atamans la guerre sainte contre les Musulmans et s'étaient retranchés dans leur *setcha*, sur l'île fortifiée de Grand-Pré. Tous égaux, mangeant à la table commune comme à Sparte, ils offraient un refuge assuré aux opprimés de la grande famille slave.

C'est vers eux que se tournèrent les kosaks de l'Ukraine pour échapper au despotisme des *pans* et de la *schliachta*, et aux persécutions des Jésuites. Des *kobzars*, rapsodes aveugles, se mirent à parcourir les campagnes en chantant sur la *bandoura* la chanson de la Pravda, de la Justice. « O Justice, notre « mère aux ailes d'aigle, où te trouver? Aujourd'hui la justice « est en prison chez les seigneurs, l'injustice est assise à « l'aise avec les pans dans la salle d'honneur!... »

(1) Voir, sur la société cosaque, les intéressants détails donnés par M. Melchior de Vogüé, dans son article : *Une guerre servile en Russie*, — *Revue des Deux-Mondes*, 15 juillet 1879. « La société cosaque, c'est l'apport « des grands fleuves russes, dit M. de Vogüé. Les Ukraines et les deltas « se peuplèrent des sédiments humains, entraînés par leurs flots depuis « leurs sources. » — Voir aussi, sur l'origine et la vie des kosaks, la *Géographie universelle* de M. E. Reclus, t. V : *La Russie*.

Bientôt la révolte gronda de toutes parts sur la terre des libres kosaks; elle éclata enfin avec un chef aussi habile que brave, Bogdan Khmelnitski, de Subbotovo, près de Tchighirine. Maltraité par les Polonais, ayant vu son fils âgé de dix ans fouetté sous ses yeux par les valets d'un noble, il était allé se plaindre au roi Vladislas, qui, impuissant à le défendre contre la *schliachta,* lui avait du moins mis les armes à la main et l'avait nommé ataman des Zaporogues. Persécuté par la Pologne, Bogdan fit alliance avec le khan de Crimée et, à la tête des Tatars et des Zaporogues réunis, battit les Polonais aux Eaux-Jaunes et à Korsoun (1648).

Aussitôt la seconde grande guerre des paysans slaves, celle des kosaks, commença; les châteaux furent détruits, les juifs, les seigneurs et les prêtres catholiques massacrés.

Malgré les représailles sanglantes des Polonais, Bogdan s'avança bientôt jusqu'à Lemberg; le nouveau roi Jean Casimir lui offrit la paix pourvu qu'il consentît à abandonner les paysans : « Que les paysans retournent à la charrue; au kosak « seul à porter les armes! »

Bogdan refusa d'abandonner ceux qu'il était venu arracher à la servitude, et, malgré la trahison du khan de Crimée, il reçut le titre d'hetman des Ukraines résidant à Tchighirine, et le nombre des kosaks inscrits fut élevé à quarante mille.

Ce n'était point suffisant; alors Bogdan se tourna vers le tsar russe, Alexis, qui enleva la Russie blanche aux Polonais pendant que Khmelnitski leur arrachait la Petite Russie (1654). L'intervention des Suédois arrêta ces succès, et Bogdan mourut à l'instant où il rêvait la fondation d'un grand État cosaque.

La mort de leur chef fit éclater les discordes entre les insurgés; ils furent de nouveau soumis par la Pologne, à l'exception des kosaks de la rive gauche du Dniéper, qui n'échappèrent aux mains des Polonais que pour tomber dans celles des Russes par la trêve d'Androussovo de 1667.

Les kosaks protestèrent; affaiblis sur le Dniéper, ils avaient conservé toute leur force sur le Don. C'est là qu'ils se soulevèrent de nouveau, sous la conduite de Stenko Razine. L'amour de la liberté, l'esprit d'aventures et, par-dessus tout, la famine que l'immigration des fugitifs de l'Ukraine avait produite sur le Don, furent les causes de l'insurrection. Repoussé d'Azof, Stenko se jeta sur le Volga et l'Oural, écuma la mer Caspienne et s'avança hardiment jusqu'à Nijni-Novgorod (1670), soulevant sur son passage une cohue de kosaks, d'anciens brigands, de Tatars, de Tchouvaches, de *streltsi* (francs archers) des villes et de serfs des campagnes, qui grossissait sans cesse comme une avalanche. C'était bien une nouvelle Jacquerie dirigée contre les seigneurs et les prêtres. La Russie orientale en fut ébranlée jusqu'aux fondements; la victoire de Georges Baratinski, près de Simbirsk, sur Stenko Razine, arrêta enfin la tourmente (1671); le *brigand* fut exécuté à Moscou et le calme se rétablit sur le Don comme il l'était sur le Dniéper. Le tsarisme reprit sa marche absorbante vers la mer Noire.

Pierre le Grand allait porter le dernier coup à la vie cosaque. Les kosaks du Don se soulevèrent les premiers avec l'ataman Boulavine et furent décimés par Basile Dolgorouki (1706). Ceux de l'Ukraine se perdirent par leurs dissensions avec les paysans sédentaires; ces derniers appelèrent le tsar, et les *kosaks armés* finirent par se tourner vers Charles XII avec leur hetman Mazeppa; la bataille de Pultava les frappa de mort en 1709. Pierre le Grand mit à la tête de l'Ukraine un hetman à lui, Skoropadski, et la Petite Russie cessa d'être un État indépendant. Bientôt après, le tsar s'emparait de la *setcha* des Zaporogues, dont les débris se réfugièrent en Crimée, pour revenir ensuite un instant sous Anna et être définitivement expulsés par Catherine II, en 1775.

La grande Jacquerie des kosaks était finie.

4° *La révolte de Pougatchef.*

Cependant, la position des classes agricoles s'empirait chaque jour à mesure que s'étendait l'autocratie. Sous Pierre le Grand, le servage de la glèbe reçut une constitution définitive.

A son avènement, la classe rurale se composait d'*obnovortsi*, paysans libres, de *polovniki*, métayers qui avaient conservé la liberté personnelle, et de serfs de la couronne, des monastères et des propriétaires, ces derniers au nombre de plus de vingt millions (1).

Pierre, voulant comme Boris Godounof briser la force de la grande noblesse en favorisant la petite, assujettit par ses oukases tous les paysans, sans distinction, à la capitation et à la résidence ; ils devinrent donc tous en général des serfs de la glèbe, des *krépotsnyi*. La perception du nouvel impôt sur les *âmes*, qui remplaçait l'ancien impôt sur les *feux*, fut confiée aux propriétaires, qui virent par ce fait leur autorité seigneuriale considérablement augmentée et s'habituèrent à considérer les paysans habitant leurs terres comme leur appartenant en propre.

Quant à la *douma* des boïars, elle fut remplacée par un Sénat dirigeant, et la noblesse tout entière prit le caractère d'une noblesse de service : plus de *pomiestié* ou fiefs, ou de

(1) RAMBAUD. *Op. cit.*, p. 384.

votchiny ou francs-alleux, toutes les terres sont désormais tenues du tsar et obligent les dvorianines au service. Afin de donner à l'organisation sociale plus d'unité, Pierre fit rentrer dans les cadres de cette noblesse tous les fonctionnaires, tous les *serviteurs* de l'État et les distribua dans les quatorze degrés du *tchin*.

Si les paysans enchaînés dans cet organisme inflexible perdirent de leur liberté, ils gagnèrent par contre en sécurité. Le tsar, du reste, les protégeait à sa manière, par l'établissement des majorats, la répression des exactions et des prévarications, et l'extirpation du brigandage et des grandes compagnies qui rançonnaient le pays et à la tête desquelles se trouvaient souvent des gentilshommes et de nobles dames (1).

D'autre part, les nécessités financières l'obligèrent à multiplier les taxes, dont quelques-unes, comme celle sur la barbe, pour laquelle les paysans devaient payer deux deniers lorsqu'ils entraient dans les villes, étaient assez ridicules; mais, de toutes ces mesures, celle qui pesa le plus lourdement sur le paysan, ce fut le recrutement militaire, qui devait remplacer les *streltsi* abolis.

Ces innovations devaient finir par amener la troisième grande guerre des paysans : la révolte de Pougatchef. Pendant un demi-siècle, le mal n'avait fait que grandir. Les passions religieuses déterminèrent la crise; les dissidents ou *raskolniks* (2), espèce de sectaires à tendances mystiques et sociales, fort durement traités par Pierre quand ils s'occupaient de politique, avaient pris une extension considérable;

(1) Rambaud. *Op. cit.*, p. 330.

(2) Voir, sur le Raskol, Élisée Reclus, *Géographie universelle*, t. V : *La Russie*.

tous les opprimés s'y adjoignaient et se rassemblaient dans les forêts profondes et les bourgades du Volga.

Persécutés par le pouvoir qu'ils menaçaient, ils commencèrent bientôt à s'agiter et trouvèrent un appui dans les kosaks du Don, les Zaporogues du Dniéper et les tribus païennes mal domptées des bords de l'Oural et du Volga. Sous Catherine II, le mouvement se dessina. Le tsar Pierre III venait de dégager la noblesse du service obligatoire de l'État, et la classe rurale avait cru que cette mesure aurait, comme corollaire, le dégagement du paysan des liens du servage ; la mort mystérieuse du tsar coupa court à ces espérances et la révolte éclata (1).

Un *raskolnik*, kosak déserteur, évadé des prisons de Simbirsk, Emilian Pougatchef, se donne pour Pierre III échappé aux assassins et soulève les steppes du Jaïk en 1773. Il va, dit-il, à Saint-Pétersbourg, pour punir sa femme et couronner son fils.

Sur ses pas, comme autrefois sur ceux des faux Dmitri, les populations courent aux armes. C'est une immense Jacquerie dans toute la Russie orientale ; les prêtres présentent à Pougatchef le pain et le sel, les villes l'accueillent au son des cloches. Pendant un an, il fait trembler Kasan et Orenbourg, battant les armées impériales. Comme le dit M. Rambaud, c'est une guerre de race, une guerre sociale, une guerre

(1) M. Melchior de Vogüé, dans l'article cité de la *Revue des Deux-Mondes,* du 15 juillet 1879, *Une guerre servile en Russie,* donne les détails les plus circonstanciés sur la révolte de Pougatchef; malheureusement tout l'article est écrit dans un esprit manifestement hostile à la cause des paysans : l'auteur néglige presque entièrement les causes profondes du mouvement de 1773 et s'attarde à s'indigner des horreurs commises par les *rebelles,* sans nous dire un mot de celles de leurs oppresseurs.

servile, qui se déchaînent à la fois dans tout le bassin du Volga (1). Déjà l'incendie gagnait le cœur du pays, Moscou s'agitait, quand Alexandre Bibikof réussit à battre l'imposteur à Kargoula et à le rejeter sur le bas Volga.

Acculé dans les steppes du sud par le colonel allemand Michelson qui le traque comme on traque un fauve, Pougatchef fait brusquement tête au chasseur, et, par un retour hardi, remonte le fleuve, brûle Kazan, puis se replie sur Tsaritsyne. Il allait fuir en Perse, quand la trahison le livra aux impériaux; il fut supplicié à Moscou le 10 janvier 1775.

Ainsi se termina la troisième et dernière grande Jacquerie des paysans russes. Ils retombèrent sous le joug pour longtemps; le Jaïk perdit son nom pour prendre celui d'Oural, la république des Zaporogues fut supprimée de nouveau en 1775, et le servage légalement établi dans la Petite Russie en 1783.

Cette situation, le *krépostnoé pravo*, n'a cessé que par l'acte célèbre du 19 février 1861 du tsar Alexandre II. L'empire contenait alors plus de 47 millions de serfs, dont 20 de la couronne, 21 des propriétaires, 4,700,000 des apanages et 1,400,000 serfs domestiques, *dvorovié*. Les plus heureux étaient les serfs de la couronne et des apanages, sortes de fermiers, libres de leur personne, ayant leur *self-government* et leurs *mirs*. Mais les 23 millions d'autres étaient de vrais serfs de la glèbe : ils appartenaient corps et biens à moins de 120,000 propriétaires. L'acte d'émancipation leur a rendu la liberté et l'intégrité du gouvernement communal, le *mir;* mais il ne leur a restitué qu'une partie de leurs terres, et encore moyennant rachat, et a laissé l'autre entre les mains

(1) RAMBAUD. *Op. cit.*, p. 473.

des seigneurs. C'est ce partage que les paysans n'ont accepté qu'avec répugnance, car ils n'avaient cessé de se considérer comme les propriétaires du sol. « Nos dos sont au seigneur, « disaient-ils, mais la terre est à nous. »

En outre, le rachat des terres à prix d'argent, en faisant des paysans les débiteurs du fisc, les a livrés à des maîtres non moins redoutables que les seigneurs : les usuriers, les *miroyédi* ou « mangeurs de commune » (1) comme les appellent énergiquement les Grands Russes; de là la formation d'un prolétariat agricole et la désorganisation de l'ancien *mir* (2).

La situation des classes rurales russes est donc restée fort troublée; elles commencent à souffrir du mal dont souffraient les paysans français à la veille de la Révolution et l'empire des tsars semble exposé à voir surgir encore, dans ses larges plaines, bien des Jacqueries, non moins dangereuses que celles qui ont ensanglanté la France à la fin du XVIIIe siècle.

6° Résumé de la période.

Pendant les trois premiers siècles de l'histoire moderne, la civilisation générale, poussée par le souffle de la Renaissance, avait fait des progrès énormes; sans doute, en apparence rien ne semblait changé, les vieilles formes existaient toujours, les injustices sociales continuaient à peser sur la masse

(1) Épithète qui rappelle celle de « mangeurs du peuple », par laquelle les orateurs des États-Généraux de 1413 désignaient les gens de finance français.

(2) Voir, à ce sujet, ÉLISÉE RECLUS. *Op. cit.*, pp. 862 et sq.

populaire ; bien plus, la centralisation royale, en les rendant plus saillantes, leur donnait un caractère plus odieux peut-être qu'en plein moyen âge. Mais sous ces formes vieillies, le progrès n'en avait pas moins accompli lentement son travail de régénération, et sous l'étoffe de ce vêtement usé on voyait chaque jour se dessiner davantage les muscles jeunes et frais d'une société nouvelle. L'idée changeait et l'homme du XVIIIe siècle, quelque infime que fût sa position, ne pensait plus comme l'homme du XVe.

Comme les autres, la classe des paysans s'était ressentie de cette transformation. A mesure que le temps s'écoule, les révoltes des laboureurs prennent un caractère plus précis et plus menaçant ; leurs défaites mêmes ne passent plus inaperçues comme autrefois : elles marquent profondément de leurs zébrures sanglantes le vieil organisme social et lui portent de mortelles blessures.

Confédérés du *Bundschuh* et Rustauds, Anabaptistes et *Kouroutses*, Bonnets Bleus et Camisards, Puritains d'Écosse et *White Boys* d'Irlande, Catalans et Maurisques, Touchinistes et Cosaques, éternels vaincus de la grande bataille de la vie, chacun de leurs désastres retentit dans la société tout entière et fait sentir son contre-coup jusque dans les classes les plus élevées et les plus puissantes, en les forçant à s'intéresser à ce monde obscur des travailleurs de la terre qui s'agite sous leurs pieds.

Arrive le XIXe siècle, et, dans un effort suprême, les paysans vont enfin recueillir en partie le fruit de tant de luttes et de tant de sang.

V

Les guerres des paysans pendant l'époque contemporaine.

1° Généralités.

Les guerres des paysans qui commencent à la Révolution française et accompagnent la chute de l'ancien régime sont de caractères divers. On y trouve des Jacqueries comme la guerre des châteaux de 1789 et celle des paysans galiciens de 1846; des guerres religieuses et féodales, comme la Vendée; des guerres nationales, comme les révoltes de l'Irlande, la Vendée belge et les luttes des paysans espagnols contre les Français.

Du reste, quelque variées que soient en apparence ces prises d'armes des classes rurales, on remarque dans toutes les mêmes caractères, ce qu'on pourrait appeler les traits de famille : l'exaltation religieuse, l'attachement aux anciens usages, les tendances communistes, la résistance aux innovations de l'État et particulièrement à la conscription.

Nous allons les analyser succinctement, en commençant par la France.

2° La Jacquerie française de 1789.

Dans aucun pays, le peuple des paysans n'était aussi malheureux qu'en France en 1789. C'était un peuple martyr, comme le disait l'évêque de Nancy à Louis XVI, et les cahiers des bailliages confirment cette appréciation. M. Taine, dans la vaste enquête qu'il fait des causes de la Révolution, nous donne sur la situation du paysan français des détails aussi nombreux qu'instructifs (1) : 270,000 privilégiés, dont 140,000 nobles et 130,000 clercs, vivent aux dépens de 26 millions d'hommes et détiennent près de la moitié du territoire, dont 23 millions de laboureurs ne possèdent guère qu'un cinquième. Et encore, parmi ces 140,000 nobles groupés en 25,000 à 30,000 familles, il en est à peine quelques milliers que l'on puisse compter parmi les riches; les autres sont de petits seigneurs, besogneux, endettés, presque aussi pauvres que leurs paysans. De même pour les 130,000 membres du clergé : 70,000 sont des curés et des vicaires, pour la plupart indigents; 60,000 appartiennent au clergé régulier et mènent une vie opulente dans les murs de leurs 3,000 couvents. En somme, sur ces 130,000 clercs, il en est à peine 3,000 chez lesquels affluent tous les revenus. Et ces revenus sont immenses! Les biens du clergé valent 4 milliards et rapportent 80 millions; si l'on y ajoute les 123 millions de la dîme, c'est un fleuve d'or de plus de 200 millions auquel puisent sans compter, tous les ans, les prélats, les chanoines et les autres dignitaires de l'Église.

(1) Taine, *L'ancien Régime*, pp. 17 et sq.

Quant à l'impôt, il est effrayant. « C'est une machine à tondre, « grossière et mal agencée, nous dit M. Taine (1), qui fait « autant de mal par son jeu que par son objet. »

Sur 100 francs de revenu, le propriétaire taillable en donne 53 au collecteur du fisc, 14 au seigneur, 14 à la dîme. Et sur les 19 derniers il est encore obligé de faire la part du rat-de-cave et du gabelou (2) !

Tout le poids de l'impôt pèse sur la classe rurale; sur 500 millions, elle en fournit plus des trois quarts au trésor. Tous les privilégiés, depuis le roi jusqu'au dernier moine, vivent à ses dépens.

Si, du moins, ils rendaient encore des services ; mais ils ont perdu leur caractère *d'hommes publics,* selon l'expression de M. Taine; la souveraineté est devenue une sinécure, et quand la sinécure est lourde on la jette à bas.

« Les nobles en 1789, ajoute-t-il (3), ressemblent à un état-« major en vacances depuis plus d'un siècle, autour d'un « général en chef qui reçoit et tient salon. »

Certes, parmi ces nobles, beaucoup résident encore parmi leurs tenanciers; mais, criblés de dettes, ruinés, ils sont à charge à leurs anciens serfs, qui les voient avec défiance mettre la main, sous prétexte de droits féodaux, sur les maigres épargnes que le fisc leur a laissées.

Quant aux autres, aux nobles de cour, à ceux qui ne résident pas et qui font administrer leurs domaines par des fermiers avides, ils n'inspirent plus que de la haine aux laboureurs.

(1) TAINE. *Op. cit.*, p. 463.
(2) TAINE. *Op. cit.*, p. 543.
(3) *Op. cit.*, p. 112.

Sans doute, le servage a perdu beaucoup de son âpreté passée (1), et bien des seigneurs, pour se procurer de l'argent, ont allégé les charges et vendu leurs terres; mais le système féodal n'en est pas moins resté debout, et M. Taine peut encore énumérer, à la veille de la Révolution, vingt-six droits féodaux qui pèsent sur un seul domaine, celui de Blet, sans compter les droits accessoires (2).

Parmi ces droits, celui de chasse avait, comme toujours, le privilège d'exaspérer le laboureur. — Voilà la noblesse! disaient les paysans à Montlosier, chaque fois qu'ils voyaient passer des troupeaux de cerfs ou de daims (3).

Des trésors de haine s'amassaient ainsi dans le cœur des hommes du labour, et quand la crise éclata, la Jacquerie en sortit aussitôt.

« L'incendie couvait portes closes; subitement, la grande « porte s'ouvre, l'air pénètre et aussitôt la flamme jaillit (4). »

Elle fut immense et couvrit toute la France de ses dévorantes lueurs.

Ignorants des plus simples notions du droit social, absolument incapables de comprendre un mot de politique, entièrement livrés à leurs instincts, les paysans ne virent dans la convocation des États-Généraux qu'une rupture violente de toutes leurs chaînes, et, libres de liens, ils se ruèrent en avant.

(1) Cependant il y avait encore des provinces, comme la Franche-Comté, où le servage subsistait dans toute sa rigueur. Voir, dans Voltaire, l'histoire et les plaintes des serfs du chapitre de Saint-Claude.

(2) Taine. *Op. cit.*, p. 531.

(3) Taine. *Op. cit.*, p. 76.

(4) Taine, *La Révolution*, t. Ier, p. 13.

A ces cerveaux incultes, il ne faut demander ni suite dans les idées, ni esprit de discernement, ni prudence dans l'action, ni prévoyance de l'avenir; « ils pensent par blocs », comme le dit si énergiquement M. Taine, et leur imagination d'enfants transforme les actions les plus simples au gré de leurs secrets instincts.

On l'avait déjà vu lors de la guerre des farines, en 1776, quand Turgot avait voulu permettre le libre commerce des blés. On le vit mieux encore dès les premiers jours de 1789. L'hiver avait été rude, la récolte précédente mauvaise, la famine apparaissait. Aussitôt les émeutes éclatent, féroces, implacables; on en compte trois cents en moins de six mois.

La prise de la Bastille, le 14 juillet 1789, fut le coup de foudre qui creva ces noires nuées amoncelées et déchaîna l'orage dans toute sa fureur. Tous les liens administratifs se trouvèrent brisés à la fois, et, « de ce grand État démoli, il ne « resta que quarante mille tas d'hommes, chacun isolé et dis « persé, villes, bourgades, villages » (1).

En quelques jours, le feu fut aux quatre coins de la France; armés de 400,000 fusils, les Jacques se ruèrent contre les *aristocrates,* précédés de leur sombre avant-garde qui se formait lentement dans l'ombre depuis un siècle, braconniers, faux-sauniers, contrebandiers, rôdeurs, chauffeurs, vagabonds et malandrins, dont la farouche audace allait frayer aux paysans la voie de crimes sans nom.

Bientôt, la France tout entière, et particulièrement l'Est, depuis l'Alsace jusqu'au Dauphiné, n'est plus qu'un champ de dévastations, de carnages et d'incendies. Abbayes et châteaux, prêtres et nobles sont enveloppés dans la même

(1) TAINE, *La Révolution,* t. Ier, p. 72.

tourmente. Dans le midi, les passions religieuses se joignent aux haines sociales. C'est une immense translation de propriété qui s'opère dans toute la France (1), translation violente dirigée contre les privilégiés au milieu du sang et des flammes.

En trois ans, six Jacqueries surgissent coup sur coup, des millions de paysans sont en armes, les châteaux sont brûlés, les titres féodaux déchirés, les chasses, les forêts, les viviers saccagés. Le paysan dépèce la France, et les propriétaires tombent avec les propriétés.

Aveugle et terrible revanche d'une oppression de dix siècles, pêle-mêle d'horreurs et d'héroïsme, dont les détails si connus et si rapprochés de nous peuvent seuls nous faire bien comprendre ce qu'étaient les grandes Jacqueries d'autrefois (2) !

La misère, la soif du bien d'autrui, si puissante chez ceux qui n'ont rien, les passions religieuses, le désir effréné de vivre libre de tout souci et de toute charge, tels sont les principaux mobiles que nous voyons apparaître dans ce gigantesque effort des paysans français à l'aurore de la Révolution.

Mais s'il nous est permis de reconnaître les grandes lois qui dominent ce chaos, n'y cherchons point une logique de détails. Le torrent existe, nous suivons les puissantes sinuosités de sa masse écumante ; mais ses vagues, prises à part, s'entre-choquent et se détruisent elles-mêmes au sein d'une inexprimable confusion.

La logique y est sans doute ; mais c'est la logique des brutes et non pas celle des intelligences éclairées. De là, des contradictions inouïes !

(1) TAINE, *La Révolution*, t. Ier, p. 386.

(2) Voir, pour ces détails, M. TAINE, *La Révolution*.

A Troyes, le 5 septembre 1789, le maire Huet, qui n'avait fait que du bien aux pauvres et leur léguait 18,000 livres par testament, est effroyablement massacré; dans le Nivernais, en 1790, les paysans imposent un maximum et défendent la sortie des blés; en 1791, on violente les prêtres non assermentés, parce qu'ils refusent de célébrer la messe et qu'ils mettent par là le trouble dans le pays, attendu qu'il faut que tout le monde puisse aller à la messe!

Peu à peu cependant, la Jacquerie perdit son caractère à mesure que grandissait la Révolution; les revendications des paysans se confondirent au milieu de l'ardente mêlée des partis politiques, et la voix des Jacques s'éteignit dans le tonnerre de la Convention.

3° La Vendée et la chouannerie.

Au moment où s'apaisait la Jacquerie révolutionnaire, une Jacquerie nouvelle, d'un caractère tout opposé, commençait à gronder sur les rives de la Loire : la Vendée.

« La guerre de la Vendée, nous dit M. Mignet (1), était un « événement inévitable dans la Révolution. Ce pays adossé à « la mer et à la Loire, coupé de peu de routes, semé de villages, de hameaux et de châtellenies, s'était maintenu dans « son ancien état féodal. Dans la Vendée, les idées nouvelles n'avaient pas beaucoup pénétré, parce que la classe « moyenne n'y était pas nombreuse, parce qu'il n'y avait pas « ou qu'il y avait peu de villes. La classe des paysans n'avait « dès lors pas acquis d'autres idées que celles qui lui étaient

(1) *Histoire de la Révolution française*, t. Ier, p. 356.

« communiquées par les prêtres, et n'avait pas séparé ses « intérêts de ceux de la noblesse. Ces hommes simples, « robustes, religieux et dévoués à l'ancien ordre de choses, « ne comprenaient rien à une révolution qui était le résultat « de croyances et de besoins entièrement étrangers à leur « situation. Les nobles et les prêtres, se trouvant en force « dans le pays, n'avaient point émigré, et c'était là vraiment « qu'existait le parti de l'ancien régime, parce que là se « trouvaient ses doctrines et sa société. »

Ces considérations si sobres et si justes du grand historien français caractérisent nettement la guerre de la Vendée.

Ajoutons que les villages vendéens du Bocage, du Marais et de la Plaine, avec leurs populations de *huttiers* et de *cabaniers* (1), avaient conservé en grande partie les habitudes des vieilles communautés agricoles.

Dans un pareil milieu, le curé était tout-puissant. La Constitution civile du clergé, en frappant le curé, aliéna à la Révolution l'esprit des paysans. « Le curé déserta la Révolu- « tion et le paysan suivit son curé, » dit très bien M. Louis Blanc (2).

Toutefois, les vexations et les duretés de la Convention n'eussent pas suffi pour faire éclater la guerre civile, sans une mesure éminemment odieuse à la classe agricole de tous les pays, le service militaire. A peine la levée de trois cent mille hommes fut-elle décrétée, que le tocsin sonna dans six cents villages et que la révolte éclata.

Le 10 mars 1793, les paysans réquisitionnés à Saint-Florent battent la gendarmerie, prennent un canon, et dans l'espace

(1) Bonnemère, *Histoire des paysans*, t. II, pp. 270 et 272.

(2) *Histoire de la Révolution française*, grande édition, t. II, p. 156.

de quelques jours tout le pays vendéen est en feu. A la tête des masses rurales marchent un colporteur, Cathelineau; un garde-chasse, Stofflet; un officier de marine, Charette. Mais bientôt les nobles accourent en foule; d'Elbée, Bonchamps, La Rochejaquelein, Lescure, Talmont prennent la direction de la guerre.

Dès les premiers jours, elle revêt un caractère de sauvagerie qui en fait un des plus affreux épisodes de l'histoire de l'humanité, et qu'elle doit certes à la brutalité primitive et à l'ignorance des paysans vendéens.

Machecoul devient le théâtre d'abominables massacres, poursuivis froidement sur les Bleus pendant plusieurs semaines par les ordres de Souchu et sous les yeux de Charette, ce bandit héroïque en qui semble revivre, en moindres proportions, le type à la fois sanguinaire et luxurieux d'Eder de Fontenelle (1).

En quelques semaines, les *brigands* ont culbuté les rares troupes de ligne et les bataillons de la garde nationale envoyés contre eux, et sont maîtres de toute la Vendée.

Aussitôt ils s'organisent, établissent un conseil supérieur sous l'inspiration de l'abbé Bernier, élisent Cathelineau, le *Saint de l'Anjou*, comme généralissime, et se partagent en trois corps, l'armée de l'Anjou, sous Bonchamps, celle du Marais, sous Charette, et la Grande armée sous d'Elbée.

Ces armées portaient la marque de leur origine, c'étaient de véritables cohues, sans discipline, sans organisation, où

(1) Remarquons toutefois que si les Blancs ont à se reprocher les hideux *chapelets* de Machecoul, les Bleus sont responsables des mariages républicains et des noyades de Nantes, ces *déportations verticales*, comme le disait Carrier.

chaque chef marchait à la tête de son clan, de sa paroisse, et disait en parlant de sa bande : mon armée (1) !

Quant aux idées, au but à atteindre, même confusion. Sans doute, le fanatisme aveugle, l'attachement aux vieilles coutumes inspiraient les Vendéens, mais il faut y ajouter aussi la passion maîtresse du paysan, la soif du pillage : les vieillards, les femmes qui suivaient l'armée portaient un sac sur chaque épaule, l'un pour l'argent, l'autre pour les têtes des Bleus (2).

Du reste, cette Jacquerie contre-révolutionnaire était tout imprégnée des idées de la Révolution : dès les premiers jours de la prise d'armes, la *garde royale composée à Challans* invoquait, dans une proclamation, la liberté, la fraternité et l'égalité (3). C'est ainsi que ces hommes, qui combattaient pour les privilégiés contre l'égalité des droits, pratiquaient entre eux l'égalité la plus absolue ; dans leurs rangs, le gentilhomme était traité sur le même pied que le dernier des cabaniers. Les nobles le savaient bien et donnaient les premiers l'exemple de cette égalité ; *c'était une nécessité,* nous dit Mme de la Rochejaquelein.

Parole remarquable et qui nous aide à mieux saisir la portée de la Jacquerie vendéenne. Avec cela, des superstitions enfantines, des talismans absurdes, comme cette vieille pièce de canon enlevée aux Bleus, la Marie-Jeanne, qui fait penser à la *Mons-Meg* des Highlanders de 1745. Ces bizarreries, ces contrastes contribuent à donner à la Vendée un caractère héroïque ; tout y est nettement tranché, pittoresque, roma-

(1) Louis Blanc. *Op. cit.*, t. II, p. 188.

(2) Bonnemère, *Histoire des paysans*, t. II, p. 280, et les auteurs cités : Michelet, Mme de la Rochejaquelein.

(3) Louis Blanc. *Op. cit.*, t. II, p. 163.

nesque et plus grand que nature. Ce ne sont pas seulement les chefs, comme La Rochejaquelein, Lescure, Bonchamps, Charette ou Cathelineau, ce ne sont pas seulement leurs soldats improvisés, avec leurs armes rouillées, leurs longs cheveux, leurs énormes chapeaux à cocardes blanches, noires ou vertes ; mais les enfants, les femmes même se distinguent au premier rang par leur courage : Mme de la Rochefoucauld et Marie-Antoinette Adams, le *chevalier Adams,* en sont de frappants exemples.

Si l'absence de discipline faisait la faiblesse des armées vendéennes, par contre, leur manière de combattre les rendait souvent redoutables. « Egaillez-vous, mes gas ! » Ce commandement fameux résume toute leur tactique. Fondre sur l'ennemi, tirer, s'égailler dans les broussailles, faire pleuvoir, invisibles, une grêle de balles sur les Bleus, puis revenir encore, les envelopper et achever la déroute, tel était leur système de guerre, celui que la nature même du sol et de leur organisation leur imposait.

Du reste, dans cette lutte contre la Révolution, les Vendéens n'étaient pas seuls. De l'autre côté de la Loire, dans le bas-Maine, pays accidenté et favorable à la guerre de partisans, les *chouans* (1) venaient de se dresser aussi en défenseurs de l'ancien régime. C'étaient, pour la plupart, des faux-sauniers qui pratiquaient la contrebande avec la Bretagne, pays de *franc-salé.* A leur tête se trouvaient le farouche La Roche, chef de la bande de Royal-Carnage, le fameux mendiant estropié Louis Treton, dit *jambe d'argent,* et les quatre frères Cottereau, dont le nom rappelle celui du chef légendaire des

(1) Chouans : peut-être de *chat-huant,* parce que les chouans se ralliaient au cri de la chouette, ou bien d'un surnom de Cottereau ?

Cotereaux du XIIIe siècle; le plus redoutable d'entre eux, plus connu sous le nom de Jean Chouan, tenait la campagne depuis le mois d'août 1792. Là aussi, comme en Vendée, les engagements militaires avaient fait éclater la révolte, que favorisait la conspiration du marquis de la Rouarie. Plus encore que les Vendéens, les chouans combattaient en bandits. Leur origine même donnait à leur façon d'agir quelque chose de féroce et de sauvage qui rappelle les malandrins du moyen âge. Groupés par troupes de trente à cinquante hommes, armés de leurs longues *fertes*, ils fondaient sur les propriétés, massacraient les voyageurs et s'égaillaient ensuite dans les fourrés et les bois.

Pour faire face à ces ennemis multiples, la République n'avait d'abord en main que quelques régiments de la garde nationale des villes. Mais quand le danger grandit, quand plus de cent mille paysans furent en armes sur les deux rives de la Loire, le Comité de salut public envoya quarante mille hommes, qui furent taillés en pièces à Saumur le 10 juin 1793.

Fiers de leur succès, les Vendéens rassemblent toutes leurs forces, marchent sur Nantes au nombre de quatre vingt mille hommes et l'attaquent de nuit, le 20 juin. Ce fut le grand effort de la guerre : s'il eût réussi, nul ne peut dire jusqu'où serait allée en France la contre-révolution, déjà victorieuse aux frontières et soutenue par l'or et les secours de l'Angleterre.

Mais les Vendéens manquèrent d'ensemble, et la mort de Cathelineau, tué au moment où il pénétrait dans la ville, changea l'attaque de Nantes en une déroute complète.

Cependant, les paysans ne tardèrent pas se reformer sous les ordres de d'Elbée, le nouveau généralissime, et firent éprouver aux Bleus de nombreux échecs.

Pour en finir, la Convention lança le 1er août un décret terrible d'extermination et jeta sur la Vendée les dix sept mille soldats aguerris de l'armée de Mayence. Quatre fois battus par les Mayençais, à Châtillon et à Chollet, privés de trois de leurs chefs blessés à mort, Bonchamps, d'Elbée et Lescure, les Vendéens prirent le parti de transporter la guerre en Bretagne et de s'y joindre aux chouans. Au nombre de quatre-vingt mille, ils traversèrent la Loire à Saint-Florent le 17 octobre, et, sous les ordres du généralissime La Rochejaquelein, se dirigèrent sur Granville. Repoussés et découragés, ils se replièrent sur la Vendée, furent mis en déroute au Mans le 12 décembre, et taillés en pièces le 23 par Marceau à Savenay, au passage même de la Loire.

Le désastre de Savenay terminait la grande guerre, cette lutte où, selon l'expression de Louis Blanc, « tout ce que « l'ivresse des discordes civiles peut produire d'héroïque et « de barbare se déploya dans les deux camps sur une échelle « vraiment gigantesque » (1).

Désormais, la guerre prit le caractère sauvage d'une guerre de partisans. Réfugiés sur un sol difficile, semé de marais, de digues, de canaux et de buissons, Vendéens et chouans opposaient une résistance terrible et commettaient les atrocités les plus effroyables (2).

La Rochejaquelein était mort; mais Charette et Stofflet tenaient encore la campagne. Pour s'en débarrasser, le général Thurreau lança contre eux les colonnes infernales, véritables machines d'extermination.

(1) Louis Blanc. *Op. cit.*, p. 394.

(2) Par exemple, lorsque les troupes de Charette s'emparèrent, près de Palluau, d'un convoi de vivres escorté de quatre cents hommes, elles vidèrent les caissons, y entassèrent les Bleus et en firent un épouvantable autodafé.

Sur ces entrefaites, le 9 thermidor arriva ; la Terreur fit place à des moyens plus doux, et le général Hoche essaya de rétablir la paix, en respectant les idées religieuses pour n'attaquer que les tendances royalistes. Charette et Stofflet, traqués de retraite en retraite, finirent par tomber entre ses mains et la Vendée se trouva pacifiée.

La chouannerie, qui avait repris un instant un nouvel essor à la suite de l'entrée des Vendéens en Bretagne, fut extirpée de même. Jambe d'argent fut tué, Jean Chouan mourut héroïquement à l'entrée du bois de Misdon, en se dévouant pour sauver sa belle-sœur, et le désastre de Quiberon acheva de disperser ses bandes en 1795.

Quelques années plus tard, la chouannerie reparut une troisième et dernière fois, sous le nom de guerre des Mécontents. Cadoudal et Bourmont, qui la dirigeaient, s'emparèrent du Mans en 1799 et tentèrent de soulever la Vendée ; mais la Vendée, épuisée, resta calme.

Ce fut la fin de la guerre. Sans doute, pendant les Cent-Jours et en 1832, quelques tentatives insurrectionnelles se produisirent encore sur la Basse-Loire ; mais ces derniers soupirs d'une cause perdue ne méritent plus le nom de guerres des paysans.

Prises dans leur ensemble, la Vendée et la chouannerie se présentent comme la lutte de l'ancien régime contre la Révolution, avec ce caractère toutefois que le souffle égalitaire et l'esprit d'émancipation de la Révolution les dominent instinctivement. Certes, comme le dit Michelet, « la Vendée est la « révolution de l'insociabilité, de l'esprit d'isolement... Ce « n'est pas le fanatisme qui a décidé le combat, c'est une « pensée d'intérêt, le refus d'un sacrifice ; » mais les résultats n'en furent pas moins contraires à cet esprit d'isolement, en fusionnant les classes au sein de la grande mêlée.

En somme, c'est le choc de deux mondes, où l'ancien, pour combattre le nouveau, est obligé de lui emprunter ses propres armes.

4° La Vendée belge.

Au moment où s'éteignent en France les derniers échos de la Vendée, une nouvelle Vendée commence en Belgique.

Mais ce n'est plus, comme le disait Michelet de la Vendée française, la révolution de l'insociabilité, ni celle de l'égoïsme : c'est, au contraire, avant tout, la révolte du patriotisme contre l'oppression étrangère.

Sans doute, le fanatisme religieux, l'attachement aux vieux usages y jouent un rôle important ; mais la grande pensée qui l'inspire, c'est le sentiment national.

Aussi, quelles que soient les erreurs des paysans belges soulevés contre la France, nous devons admirer leur héroïsme et dire avec leur historien, M. Auguste Orts, que la Vendée de 1798 fut la protestation « du peuple, du vrai peuple, celui « d'en bas », contre l'annexion violente des provinces belgiques par la Convention nationale (1).

Jusqu'à la veille de la Révolution française, la Belgique avait été un pays libre, où de solides garanties du droit public, ancrées par les siècles, protégeaient les citoyens contre l'arbitraire. Partout les coutumes et les édits y proclamaient l'inviolabilité du domicile et la liberté individuelle ; l'armée s'y formait par engagements volontaires ; les particuliers comme les corps constitués y possédaient le droit de remontrance et de

(1) AUGUSTE ORTS, *La Guerre des paysans*, p. 6.

pétition, ce que l'on pourrait appeler la liberté de la presse de ce temps-là ; enfin, les citoyens belges ne pouvaient être jugés que par droit et sentence, et les impôts, chose importante entre toutes, devaient être demandés par le souverain par voie de pétition et votés librement par les trois ordres de la nation dans chaque province (1).

Sous ce rapport, la Belgique avait conservé ses vieilles institutions du moyen âge, et ni les ducs de Bourgogne, ni Charles-Quint, ni Philippe II, ni les rois d'Espagne, ni les empereurs n'avaient osé toucher à ces antiques garanties de la liberté civique inscrites dans toutes les chartes et jurées par tous les souverains. Pays traditionnel comme l'Angleterre, le système parlementaire y était basé sur le principe de la représentation des intérêts et non sur celui de la représentation du nombre, ainsi que le dit fort justement M. Poullet (2). Certes, il y avait bien des vieux rouages devenus inutiles dans cet organisme séculaire, mais la marche du temps devait nécessairement amener des réformes et rapprocher nos institutions belges des institutions anglaises, en abattant les barrières du particularisme, ce grand ennemi des États belgiques.

Dans un pareil pays, le radicalisme des encyclopédistes et du contrat social n'était pas de mise, et toute atteinte violente à l'ordre de choses établi devait susciter des révoltes.

« Les Belges sont attachés à leurs privilèges jusqu'à la folie », écrivait déjà en 1763 le gouverneur général des Pays-Bas autrichiens, le prince Charles, à l'impératrice Marie-Thérèse.

(1) Voir, à ce sujet, Th. Juste, *Histoire de la Révolution de 1790*. — Ad. Borgnet, *Histoire des Belges à la fin du XVIIIe siècle*. — P.-A.-F. Gérard, *Rapédius de Berg ; Mémoires pour servir à l'histoire de la révolution brabançonne.*

(2) *Les Constitutions nationales belges en 1789*, p. 135.

L'empereur Joseph II l'avait bien vu, quand en 1789 il avait essayé d'introduire à coups de décrets un régime plus uniforme et de balayer violemment les vieux abus et les vieilles coutumes. Catholiques et libéraux, Vander Nootistes et Vonckistes s'étaient réunis à la fois et, contre un souverain révolutionnaire, les Belges avaient fait une révolution.

Ce que l'empereur n'avait pu accomplir, la Révolution française le tenta et à son profit. Entrés en amis et soi-disant pour délivrer les Belges du joug autrichien (1), les Français n'avaient pas tardé à considérer la Belgique comme pays conquis. A la suite d'une odieuse comédie, la Convention avait brutalement annexé les Pays-Bas autrichiens à la France et organisé partout le pillage, sur une échelle vraiment inouïe, par le moyen des réquisitions et des proconsuls.

C'est qu'en effet les Français, appauvris par deux cents ans de despotisme royal, écrasés par une dette de quatre milliards, avaient cru trouver dans la Belgique « la poule aux œufs d'or », comme disait Dumouriez.

Sans doute la Belgique était riche ; elle renfermait plus de 2,300,000 habitants, l'agriculture y était prospère et le produit net des revenus publics s'élevait déjà, en 1780, à plus de 7 1/2 millions de florins des Pays-Bas.

Mais quelque riche qu'il fût, le pays n'était pas inépuisable, et quand les représentants du peuple et leurs hordes faméliques eurent bien tout pillé et qu'ils eurent paralysé le commerce et l'industrie, « la poule aux œufs d'or » mourut et l'on se trouva en présence de la misère et du néant.

(1) « La nation française renonce à entreprendre aucune guerre de con- « quêtes et n'emploiera jamais sa force contre la liberté d'aucun peuple, » disait la Constitution de 1791.

Écoutez les plaintes du magistrat de Bruxelles : « Quand « vous nous aurez pris nos cuirs et nos toiles, sera-ce avec « des assignats que nous ferons des souliers et des habits ? « Mangerons-nous des assignats, quand nous n'aurons plus « de grains ?... Si cela continue, il ne nous restera bientôt plus « que des yeux pour pleurer, en attendant que la mort les « éteigne. »

Et cela continuait toujours !

Les plus malheureux entre tous ceux que rançonnait ainsi l'avidité de la Convention, c'étaient les paysans. Aucune ressemblance, du reste, entre le pauvre ahanier français et le laboureur belge. Autant la situation du premier était affreuse, intolérable, autant celle du second était douce. Peu de serfs en Belgique : les seuls qui existassent étaient des serfs de coutume, astreints seulement à certaines obligations (1) ; des villages nombreux et prospères, jouissant tous de leurs chartes, administrés par leurs échevinages, ne payant, sauf quelques redevances féodales, que les impôts votés par la nation et répartis entre les villageois par leurs propres *bedezetters* ou taxateurs, de façon, comme le dit De Facqz (2), « que l'individu « soumis à la taille n'était pas réellement le débiteur du fisc, « mais de la communauté ».

C'est sur cette population tranquille, économe, aisée, que s'étaient abattus de préférence les vautours de la Convention ; chevaux, bétail, blé, chariots, attirail de labour, instruments aratoires, jusqu'aux graines de navet, de carottes et de choux, tout devenait la proie des réquisitionnaires (3).

(1) Poullet, *Les Constitutions nationales belges en* 1789, p. 185.

(2) De Facqz, *Ancien droit belgique*, t. II, p. 250. — Poullet, *Op. cit.*, pp. 339 et 429.

(3) Ad. Borgnet, *Histoire des Belges à la fin du* XVIII*e siècle*, t. II, *passim*.

Frappés ainsi dans leurs intérêts, les paysans grondaient sourdement; mais lents à s'émouvoir, écrasés par le lourd despotisme des sans-culottes, effarés, éperdus, ils courbaient la tête sous l'orage et patientaient.

Dans ce grand naufrage de tous les privilégiés, où avaient sombré tour à tour les corps de métiers, la noblesse, les ordres monastiques, les coutumes et jusqu'aux noms aimés des vieilles provinces, on avait laissé aux laboureurs leurs églises et leurs prêtres.

Mais après le coup d'État de fructidor, le Directoire, redevenu républicain, exigea de tous les prêtres le serment civique de « haine à la royauté », et les troubles religieux commencèrent aussitôt.

Dès 1797, le tribun Bonaventure l'avait dit aux Cinq-Cents : « Est-ce pour récompenser les Belges de leur zèle qu'on leur « prépare les horreurs d'une guerre de religion? A-t-on oublié « la Vendée ? »

C'était, en effet, la Vendée qui s'annonçait de nouveau. De tous côtés, les paysans prenaient parti pour les curés réfractaires, et de nombreuses émeutes éclataient dans le pays.

Cependant, ce qui fit déborder le vase, ce qui mit aux paysans belges, comme aux Vendéens, les armes à la main, c'est le service militaire. Votée en France le 5 septembre 1798, la loi sur la conscription fut déclarée obligatoire en Belgique, et le clergé s'en servit aussitôt pour attiser les haines.

Alors tous les griefs qui fermentaient depuis si longtemps dans le cœur des paysans firent explosion à la fois.

Le 18 octobre 1798, la révolte éclata par une rixe à Rupelmonde, comme avaient éclaté la chouannerie à Saint-Ouen-des-Toits et la Vendée à Saint-Florent. Cinq gendarmes républicains se prennent de querelle avec quelques paysans;

ceux-ci ont le dessus et se mettent à sonner le tocsin après avoir scié l'arbre de la liberté. La guerre des ***brigands*** a commencé.

La liberté du pays, la religion et l'Autriche, tels sont les trois mobiles qui font agir les paysans. Un placard anonyme, affiché à Louvain, l'indique très clairement dès les premiers jours.

Voici cette pièce, avec son orthographe naïve, telle que la donne M. Orts, dans son remarquable ouvrage sur la *Guerre des Paysans,* d'après une copie reposant aux archives de l'État (1) :

« Belges, c'est doit être certainement avec peine et amer- « tume que vous avez vu arriver des arrêtés du Directoire « exécutif de Paris dans les provinces de la Belgique par « lesquels la conscription militaire est ordonnée et établie, « laquelle n'a jamais été vue dans la Belgique; du tems des « anciens ducs, le peuple de ces provinces en étoit exempt « et jouissoit de sa liberté pure et intacte, ainsi que du libre « exercice de sa religion et autres priviléges connus, dans la « joyeuse entrée, etc. Mais, hélas! où est ce tems de liberté « si chérie? et dont les Belges faisoient tant de cas; tous les « peuples leur envioit ce grand prérogatif et même la France « auroit voulue être gouvernée sur le même pied pour jouir « de la même liberté. Mais aujourd'hui, pauvres Belges, que « devenues cette liberté que le fière Lion protégoit! Elle se « trouve enchaînée par cinq tigres, cinq cent léopards et deux « cents cinquante ours; faut-il donc se surprendre que cette « liberté si chérie vous est arrachée et que vous êtes présen- « tement dans les fers, avec lesquels on va vous conduire aux « armées pour continuer à déraciner jusqu'au dernier germe

(1) Orts. *Op. cit.*, p. 95.

« de cette encienne et aimable liberté, s'il fut possible. Mais, « Belges, ne savez-vous pas que le Dieu des armées qui a été « adoré par nos pères et nous avec tant de pompes et solem- « nités, vit encore ; il ne délaissera pas ses vrais amis belges, « cette ancienne Liberté refleurira et poussera des tiges « jusques dans les astres. Prenez donc bon courage, peuple « belge, mais soié prudent, ne soullé pas vos mains pour « concourir au boulversement ultérieur projetté par ces « tigres, ours et léopards, car les aigles et les autriches « voltigent et se rassemblent à l'entour d'eux et ils en seront « dévorés, et vous, vous en serez protégés.

« Vive l'empereur et ses alliés ! »

Que l'Autriche, le principe de légitimité, joue un rôle important dans la guerre des paysans belges, c'est un fait évident, bien que M. Orts (1), légèrement entraîné sans doute par l'ardeur de son patriotisme, ne soit pas de cet avis. Les cocardes autrichiennes, les placards au cri de : Vive l'empereur ! les plumets verts et la présence d'anciens officiers de l'empire dès le premier jour de la révolte, nous le prouvent. Du reste, l'Autriche représentait ici la cause de la religion, pour laquelle les paysans avaient pris les armes. Mais si la légitimité et la religion rattachent la Vendée belge à la Vendée française, le troisième mobile qui pousse les laboureurs des Pays-Bas et certes le plus important, la délivrance du pays, met entre les deux Vendées une différence radicale, tout à l'avantage des paysans belges. C'est la patrie qu'ils veulent arracher au joug de l'étranger.

Une autre différence se montre dans la condition des chefs : la plupart des chefs vendéens sont des nobles, tous les chefs

(1) ORTS. *Op. cit.*, pp. 193 et sq.

belges sont des gens du peuple (1) : Macaire Rheins, Rollier, Hubert Behrens, Eelen, Van Gansen, et le fameux libraire-cabaretier de Turnhout, Corbeels, appartiennent à la basse classe de la nation.

Parmi ces chefs, il convient de distinguer un personnage assez mystérieux, Charles Jacquemin, dit Charles de Loupoigne ou *Cousin Charles,* vrai type d'aventurier qui offre certains traits de ressemblance avec le trop célèbre Jean Chouan. Tour à tour allié des patriotes et de l'Autriche, officier au régiment de Laudon-Vert, il avait joué dès les premiers jours de la Révolution un rôle encore assez inexpliqué. Dès 1795, il s'intitulait déjà « commandant de l'armée belgique au nom de l'empereur », et nous le voyons en 1798 inonder le pays de pamphlets et de proclamations impérialistes et anti françaises. En relations suivies avec Georges Cadoudal et les chefs chouans, il fut sans doute l'un des principaux instigateurs de la révolte de 1798 (2).

Un mois après l'émeute de Rupelmonde, tout le plat pays était en feu; trente à quarante mille *brigands* tenaient la campagne, groupés en quatre masses bien distinctes, en Flandre avec Rollier, en Campine avec Corbeels, Van Gansen et Eelen, dans la forêt de Soignes, au sud de Bruxelles, avec Constant de Roux-Miroir et Charles de Loupoigne, et dans le Luxembourg avec Behrens.

Maîtres de la campagne, les paysans marchent sur les villes, croyant sans doute y trouver un appui. Mais les villes, enchaînées par la lourde main des Français, ne bougèrent pas, et dès lors la cause de l'indépendance fut perdue.

(1) Orts est de cet avis, *Op. cit.*, p. 200.

(2) Voir, sur Charles de Loupoigne, Orts, *Op. cit.*, p. 361 et sq.

Les paysans du Luxembourg furent vaincus les premiers. Sous les ordres d'un jeune homme de vingt ans, Hubert Behrens, de Bocholtz, ils s'étaient soulevés sur les bords de l'Our et avaient commencé le *Klöppelkrieg*, la guerre des Bâtons, ainsi qu'on la nomma depuis.

Le 30 octobre, une de leurs bandes, forte de cinq cents hommes, se heurta près d'Arzfeld aux troupes françaises sous les ordres de l'adjudant Duverger. Enveloppés par une habile manœuvre de la cavalerie ennemie, les paysans ne pouvaient échapper.

Un officier en eut pitié et, s'approchant des insurgés, leur cria en français : Que voulez-vous, mes enfants ?

A son appel, un paysan de Boxhorn, Antoine Maiesch, qui savait le français, sortit des rangs. — Nous voulons la guerre ! répondit-il, et, couchant en joue l'officier, il lui fit vider les arçons (1).

Ce fut le signal d'une horrible boucherie. Les paysans furent écharpés et leurs débris essayèrent en vain de se reformer dans l'Eifel, sous la direction d'un ancien dragon de Latour, Krendal d'Espler, qui s'intitulait général des armées de la foi.

Ainsi finit le *Klöppelkrieg*.

Bientôt après le général Colaud dégageait Bruxelles en rejetant sur la Flandre les bandes de Rollier.

Quant aux insurgés de la Campine, ils avaient d'abord été plus heureux. Dès le 25 octobre, l'armée des paysans, sous les ordres d'Eelen, se présentait devant Louvain. En tête marchait un joueur de flûte qu'on avait enrôlé de force. « Tu as « soufflé assez longtemps pour les Français, disaient les paysans, souffle pour nous maintenant ! » (2)

(1) ORTS. *Op. cit.*, p. 183.
(2) ORTS. *Op. cit.*, p. 156.

Repoussées de Louvain après trois tentatives infructueuses, les bandes d'Eelen se replièrent sur Hérenthals pour opérer leur jonction avec celles de Corbeels. C'est là que les troupes françaises vinrent les attaquer le 29 octobre. Retranchés au nombre de plus de trois mille dans les maisons et derrière les barricades, les paysans tinrent tête pendant vingt-quatre heures, avec leurs bâtons, leurs faux et leurs mauvais fusils, à des troupes régulières munies d'artillerie. Écrasés par le canon, ils durent enfin lâcher pied, en laissant six cents morts sur le champ de bataille, et se retirèrent sur la haute Campine. Mais bientôt, grossis de nouvelles bandes, ils reprirent l'offensive et se jetèrent sur Diest, dont ils s'emparèrent le 11 novembre et où ils se retranchèrent au nombre de six mille sous la direction d'Eelen, Corbeels et Van Gansen, avec le curé de Duffel pour aumônier. A l'abri des remparts de la vieille cité, les insurgés repoussèrent pendant trois jours les attaques de plus de cinq mille soldats français commandés par le général Jardon. On vit même, dans une sortie furieuse, ces paysans héroïques arriver à travers une pluie de fer jusqu'aux batteries ennemies et se rendre maîtres des canons. Mais, inhabiles à s'en servir, ils durent se retirer sans avoir même pu enclouer les pièces conquises.

Alors, épuisés, affamés, les pauvres gens se décidèrent à la retraite. Dans la nuit du 14, ils abandonnèrent la ville et se replièrent sur la Campine, en laissant plus de quatre cents morts dans les marécages du Démer.

Les Français vainqueurs se conduisirent en Vandales : pour faire un exemple, ils pillèrent Diest, Aerschot et Montaigu ; des femmes mêmes subirent les derniers outrages (1).

(1) ORTS. *Op. cit.*, p. 271.

La défaite de Diest était un coup de mort pour l'insurrection.

Atteints dans les bruyères de Moll, le 24 novembre, les paysans essuyèrent une nouvelle et sanglante défaite, et leur chef Corbeels tomba entre les mains des Français.

Quelques jours plus tard, le 5 décembre, les débris de la grande armée, surpris par la cavalerie près de Hasselt, à Klein-Lindeke, y furent anéantis. Huit cents morts restèrent sur le champ de bataille, dans cette funèbre journée qui fut appelée « le carnage de Hasselt ».

Le carnage de Hasselt terminait la Vendée belge, comme le carnage de Savenay avait terminé la Vendée française. Quelques bandes échappées au massacre continuèrent bien la lutte dans les landes de la Campine et les forêts du Brabant; mais ce n'est plus là qu'une guerre de partisans.

Comme toujours, la répression fut sanglante. La conscription fut de nouveau déclarée obligatoire, et le Directoire proclama qu'à partir du 30 décembre, les conscrits réfractaires seraient considérés comme émigrés et leurs biens confisqués, « ainsi que ceux de leurs parents » !

En outre, une foule de colonnes mobiles furent lancées à travers le pays pour traquer les restes des *brigands;* on prit des otages, on les entassa dans des prisons malsaines; des milliers de personnes furent déportées, et les villes et les villages frappés de contributions de guerre écrasantes par le commandant en chef, le général Colaud.

« Les sauterelles dévorant les moissons d'Égypte à titre « de plaie, l'Espagnol pressurant les peuplades du nouveau « monde pour pomper leur or, peuvent seuls, nous dit « M. Orts (1), donner une idée approximative de ce que le

(1) Orts. *Op. cit.,* p. 310.

« peuple belge appelait énergiquement *les éponges fran-*
« *çaises.* »

C'est en vain que les citoyens invoquaient les formes de la justice indignement violées. « Les formes sont faites pour les cordonniers! » répondait le commissaire central (1).

Au milieu de ce déchaînement de rigueurs sauvages, les plus malheureux étaient certes les insurgés, les *brigands.* Pour eux, point de pitié. Tous les jours tombaient quelques-unes des victimes des conseils de guerre. Corbeels, Meulemans, Constant de Roux-Miroir, tous ceux qu'avait épargnés le champ de bataille expiraient sous les balles ou la guillotine.

Souvent, devant la mort, ces obscurs soldats de la cause de la patrie trouvaient des accents superbes, dignes de leurs illustres devanciers, Nicolas Zannequin, Guillaume Karle et le Grand Ferré.

Il en fut ainsi des vaincus d'Arzfeld et de Clervaux, des survivants du *Klôppelkrieg.*

Traduits devant le conseil de guerre de Luxembourg, ils repoussaient avec mépris la clémence de leurs juges et rendaient vains tous les efforts faits pour les sauver.

— Vos fusils n'étaient point chargés à balle? demandait le président du conseil, Renard, ému de pitié.

— Nos fusils étaient chargés à balle, répondaient-ils.

— Mais vous les aviez déjà déchargés sur le gibier du parc ?

— Ce n'est pas vrai ; nous avons tiré sur les Français.

— Involontairement, alors?

— Volontairement; ce que nous avons fait, nous l'avons voulu faire; nous ne savons pas mentir. (2)

(1) Orts. *Op. cit.*, p. 515.

(2) Orts. *Op. cit.*, p. 535.

Dialogue héroïque, dans lequel la grandeur de la cause semble faire passer sur les lèvres de ces pauvres paysans de l'Our comme un écho de Polyeucte! Digne épilogue de cette noble Vendée des laboureurs belges!

Cependant, malgré les rigueurs du Directoire, tout n'était pas fini. Pendant l'été de 1799 des troubles sérieux éclatèrent de nouveau dans le plat pays. Mais le caractère de la guerre avait changé, les paysans n'y jouaient plus le premier rôle et l'on y trouvait surtout des bandits et des pillards, comme dans les derniers jours de la chouannerie.

Parmi les bandes de 1799, la plus redoutable fut celle qui occupait la forêt de Soignes avec le fameux Charles de Loupoigne.

Allié de l'Autriche et des chouans, il faisait aux Français une guerre de guérillas d'autant plus dangereuse, que le bas peuple l'avait en adoration. Atteint par les troupes républicaines près de la chapelle de Bonne-Odeur, entre Boitsfort et Tervueren, il périt en combattant, le 30 juillet 1799.

La mort de cet audacieux partisan est le dernier écho de la Vendée belge. Le 18 brumaire allait paralyser pour quinze ans toute velléité d'indépendance, et faire succéder le silence de l'empire au fracas tumultueux de la Révolution.

3° La Vendée irlandaise.

Au moment où la Vendée belge se dressait contre le despotisme de la France, la Vendée irlandaise surgissait en face de l'Angleterre.

La Révolution française avait déchaîné l'orage qui grondait depuis un siècle dans l'île d'Émeraude contre les *Oran-*

gemen et les *Saxons*. Dès les premiers jours de 1789, les *Defenders* et les *Irlandais-Unis* avaient commencé à agiter le pays, sous la direction du légiste Wolf-Tone.

Dans la liberté de la France, les Irlandais voyaient l'émancipation de la race celtique tout entière. « A notre sœur des « Gaules! s'écriaient-ils lors de la prise de la Bastille; elle « est née le 14 juillet 1789. » Et partout en Irlande, la *Marseillaise* retentissait. La lutte, d'abord sourde, prit en 1798 un caractère terrible, quand, après l'expédition avortée de Hoche, les Irlandais s'aperçurent que la France les abandonnait. Cent mille paysans furent sur pied en quelques jours, au cri de *Erin-go-bragh!* Vive l'Irlande! — Ici encore, comme en Belgique, si la religion jouait un rôle important, le grand mobile était l'indépendance de la patrie. Bien plus malheureux que les Belges, écrasés par une affreuse misère, insultés par les Anglais qui ne craignaient pas d'employer les tortures les plus barbares pour forcer les habitants à livrer leurs armes, les paysans irlandais avaient pour eux ce qui manquait aux laboureurs belges, l'appui des villes.

Mais le joug de fer que les Anglais faisaient peser sur Dublin leur enleva le puissant secours de la capitale. Livrés à eux-mêmes, les Irlandais-Unis tinrent la campagne entre Dublin et Wicklow, et installèrent à Wexford un directoire exécutif de la République irlandaise.

Maints combats furent livrés dans lesquels les Irlandais déployèrent la plus grande valeur, comme à l'attaque de Ross où un paysan se jeta sur un canon qui tirait à mitraille, et s'écria en enfonçant le bras dans la gueule de bronze : « A moi, enfants! Je lui ferme la bouche! »

Malheureusement, les insurgés échouèrent dans leur tentative contre Dublin. Découragés, affaiblis, ils furent atteints sur le Vinegar-Hill, près de Wexford, où se trouvait leur camp retranché, et obligés de se débander.

Pendant ce temps, l'insurrection éclatait dans le nord, dans le comté d'Antrim. Là aussi, les paysans échouèrent dans leur mouvement sur la ville d'Antrim et furent complètement battus sur les collines de Ballinahinck, après une résistance héroïque.

A peine le calme était-il rétabli dans le sud et le nord-est, que la révolte éclata dans le nord-ouest grâce à l'appui de quinze mille soldats français envoyés par le Directoire sous les ordres du général Humber.

Débarqués à Killala, dans le comté de Mayo, les Français culbutèrent les troupes anglaises à Castlebar et marchèrent sur Dublin, dans l'espoir de soulever les populations. Mais il était trop tard; peu de volontaires accoururent sous les drapeaux du général français; attaqué par près-de trente mille hommes, il dut capituler à Ballinamuch. Les insurgés, livrés à eux-mêmes, furent anéantis à Killala, et l'héroïque chef des Irlandais-Unis, Wolf-Tone, fut pendu.

Ainsi finit la Vendée irlandaise. Pour punir l'*île sœur*, les Anglais lui ôtèrent son Parlement, dernier vestige de son indépendance, et réunirent l'Irlande à l'Angleterre en 1800.

Depuis lors, l'infortuné pays n'a cessé de s'agiter sous la dure main des Anglais.

Sans doute, l'émancipation des catholiques a fini par être obtenue en 1829, grâce à l'éloquence d'O'Connell, mais le *Repeal of Union*, la rupture du pacte d'union de 1800 n'a pas été accomplie.

La grande plaie de l'Irlande, c'est son régime agraire, sorti de la violence et de la conquête. En 1830, l'Irlande ne comptait que 70,000 fermiers, dont 50,000 indigents, et le reste de la population en était encore à l'état de cottiers, de prolétaires agricoles, ne possédant que leurs bras et de misérables huttes. Un cinquième des terres si fertiles de l'Irlande était en friche. De là une misère affreuse, des famines terribles comme celles de 1846 et 1847, une émigration constante (1), un état de malaise qui se traduit à chaque instant par des crises terribles, telles que l'agitation des *Home-Rulers* et la révolte des *Fenians* de 1867 (2). Mais ce ne sont pas des sociétés secrètes qui peuvent sauver l'Irlande. Tant que son régime agraire ne sera pas transformé, elle souffrira des mêmes maux. Son avenir reste sombre.

Sans doute, les lois votées par le ministère Gladstone, le *disestablishment* de 1869 et le *land-bill* de 1870 ont amélioré la condition des Irlandais, au double point de vue de la religion et du régime agraire, en supprimant les privilèges monstrueux de l'Eglise anglicane et en donnant plus de fixité aux tenures; mais le prolétariat agricole n'en subsiste pas moins (3), et tout récemment encore, dans une conférence prononcée à Birmingham, le 24 janvier 1880, l'illustre John Bright constatait avec douleur que 744 propriétaires possèdent à eux seuls la moitié de l'Irlande, et que la plupart vont dépenser leurs revenus à l'étranger sans aucun profit pour le pays.

(1) Depuis 1830, l'Irlande a vu baisser sa population de 8 millions à 5 1/2 millions.

(2) Les *Fenians* sont une grande association fondée en 1861, par O'Mahony, en Amérique, et James Stephens, en Irlande, pour la délivrance du pays. Ce nom viendrait d'un ancien chef celte du IIe siècle, Fionn, ou de la classe guerrière des anciens *Gaëls* : les *Fionn* ou *Feinni*.

(3) E. de Laveleye. *La Question agraire en Irlande et en Angleterre*; *Revue des Deux-Mondes*, 15 juin et 15 juillet 1870.

Aussi les Irlandais continuent-ils à protester contre l'union et à réclamer un gouvernement national.

Comme le disait déjà Augustin Thierry en 1830 (1), « der-« rière toutes les querelles de race, de secte et de parti, la « question suprême, celle de l'indépendance nationale et de la « rupture du pacte d'union entre l'Irlande et l'Angleterre, « doit, dans un avenir plus ou moins éloigné, ramener les « tristes scènes de 1798. »

6° Les guerres des paysans sous l'empire français.

Si nous en exceptons l'Irlande, le XIXe siècle a vu peu de véritables Jacqueries. La Révolution française, en mettant la hache dans l'ancien régime et en bouleversant le système foncier, n'a pas été sans améliorer le sort des paysans.

Cependant, il est bien des conflits où, sans parler de la question agraire, l'Europe contemporaine nous montre les paysans en armes; comme dans la Vendée belge, c'est presque toujours la cause de l'indépendance nationale qui provoque ces crises; tels sont, par exemple, les mouvements du Tyrol et de l'Espagne sous le premier empire, et les incessantes révoltes des paysans serbes et bulgares contre l'oppression turque.

La lutte gigantesque que soutinrent les guérillas espagnoles en 1808 contre les Français, et qui fit pour la première fois trembler la fortune de Napoléon, est certainement en grande partie une guerre de paysans. Si parmi les chefs de bandes se trouvaient des gentilshommes, comme El Empecinado (le

(1) *Histoire de la conquête de l'Angleterre par les Normands*, t. IV, p. 287.

Poissé) ou El Marquesito et des médecins, comme El Medico, on y voyait aussi des pâtres, comme Morillo; des artisans, comme le forgeron Longa; des prêtres, comme le franciscain El Frayle et le curé Merino.

Sous bien des rapports, la guerre des guérillas ressemble à la Vendée française; on y retrouve le même fanatisme, le même groupement des paroisses, la même férocité dans la lutte; mais le but est plus noble, il s'agit de l'indépendance de la patrie.

La révolte des paysans tyroliens, en 1809, est plus caractéristique encore. Irrités d'avoir été cédés à la Bavière par la paix de Presbourg, en 1805, et fiers de leurs privilèges séculaires, les Tyroliens prirent les armes en 1809, sous la conduite d'un aubergiste, marchand de chevaux de Passeyer, le fameux patriote Andréas Hofer. A ses côtés marchaient Pierre Hüber, Nessing, le laboureur Speckbacher et le capucin Haspinger, le père Jachim à la barbe rousse.

Grâce à l'appui des Autrichiens, les montagnards s'emparèrent d'Innsbrück et forcèrent le général français Bisson à capituler avec trois mille cinq cents hommes. La paix de Vienne rendit le Tyrol à la Bavière; mais Hofer refusa d'obéir. Attaqués par plus de trente mille soldats français, bavarois et wurtembergeois, les paysans retranchés dans leurs montagnes se défendirent avec un courage héroïque, écrasant l'ennemi sous des quartiers de roc, le fusillant sans pitié sous le feu de leurs carabines.

Cette lutte inégale d'une poignée de laboureurs contre le maître de l'Europe occidentale ne pouvait durer longtemps. La tête d'Andréas Hofer fut mise à prix, il tomba dans les mains des Français et fut amené à Mantoue, en 1810.

Le commandant, ce même Bisson qu'il avait fait prisonnier

l'année précédente, essaya vainement de l'attacher au service de Napoléon. Hofer repoussa toutes les offres et mourut en soldat sous les balles françaises. Speckbacher et Haspinger, plus heureux, s'échappèrent. Les ossements de ces trois héros du Tyrol ont été réunis et reposent aujourd'hui à Innsbrück dans le même tombeau.

7° La Jacquerie de 1846 en Galicie.

Si les révoltes des paysans espagnols et tyroliens offrent plutôt les caractères de guerres de l'indépendance, celle des paysans de Galicie, en 1846, se présente surtout comme une véritable Jacquerie des laboureurs contre les maîtres du sol.

Tout contribuait à séparer les paysans galiciens de leurs seigneurs : les uns étaient Ruthènes de race, Grecs-Unis de religion, les autres Polonais et catholiques. Ajoutons que la *schliachta* polonaise se montrait excessivement dure pour les paysans ; chargés du recouvrement des impôts et du recrutement militaire, les nobles devenaient oppresseurs (1).

L'Autriche assistait immobile à toutes ces exactions : *Divide ut imperes*, telle était sa devise au milieu de ses peuples de races et de coutumes différentes.

Mais quand, appuyées sur la république de Cracovie, les Polonais de Galicie s'insurgèrent en février 1846, l'Autriche sortit de sa torpeur et le général Benedek fit appel aux paysans galiciens pour comprimer la rébellion. Ainsi déchaînés,

(1) Voir, sur le régime des corvées et la malheureuse situation des paysans, l'article de M. H. Desprez sur les *Paysans de l'Autriche ; Revue des Deux-Mondes*, 15 octobre 1847.

les laboureurs se soulevèrent de toutes parts contre les nobles et la guerre éclata dans le cercle de Tarnow; châteaux pillés et brûlés, nobles égorgés, le triste appareil des Jacqueries du moyen âge reparut brusquement. L'Autriche favorisa-t-elle ces massacres? Tout paraît le faire croire : les paysans soutenaient qu'ils tuaient et pillaient par ordre de l'empereur, et des agents du fisc se trouvaient dans les bandes insurgées. Dans tous les cas, la révolte se termina au profit des paysans : la patente du 13 avril les affranchit en grande partie du servage, et la ville de Cracovie fut annexée à l'empire.

La situation des paysans hongrois, depuis la sanglante révolte de Dosza, n'était pas meilleure que celle des Ruthènes de Galicie; l'*urbarium* de Marie-Thérèse ne les avait émancipés qu'en partie. De là d'incessantes révoltes, telles que la prise d'armes du Transylvain Hora, sous Joseph II, dirigée contre les magnats magyars. En 1831, lors des ravages du choléra, les paysans du comitat de Saros se soulevèrent à leur tour contre les nobles, en les accusant d'avoir empoisonné les fontaines. Grâce aux efforts du grand patriote magyar François Deak, la Diète de 1833 finit par donner satisfaction à la plupart des griefs de la classe agricole.

Depuis lors, les paysans hongrois sont restés tranquilles; la formidable révolte de 1848 est un mouvement national beaucoup plus qu'une guerre de paysans.

Nous en dirons autant des révoltes des Serbes et des Bulgares.

8° Résumé de la période.

Avec le XIXe siècle l'ère de la réparation commence pour les classes rurales. Le moule social dans lequel ils se trouvaient enfermés depuis mille ans éclate enfin de toutes parts, et, par la trouée sanglante des révolutions, les hommes de la terre passent à la suite de la bourgeoisie et se font leur place au soleil.

Cette place est-elle bonne? Est-elle définitive? Nul ne pourrait le dire; mais il est un fait certain, c'est qu'elle s'adapte assez bien, jusqu'à nos jours, au nouvel organisme de la société. Sans doute, à mesure que s'écoulent les années et que les éléments que la théorie a classés se tassent par l'expérience, bien des défauts peuvent se révéler dans l'ensemble de l'édifice, bien des mécomptes peuvent venir tromper nos espérances. Il ne peut pas en être autrement. L'homme ne construit pas pour l'éternité, mais pour un jour, et le temps qui ronge la pierre et transforme sans relâche la surface du sol terrestre n'épargne pas non plus nos créations politiques. Mais il est inutile, il est dangereux de vouloir prévoir les choses de trop haut et de trop loin; à ce jeu, on risque de perdre pied et de glisser dans les abîmes de l'utopie. A chaque jour sa peine, comme dit un vieux proverbe, et c'est déjà beaucoup que d'avoir réussi à résoudre, d'une façon à peu près passable, les problèmes politiques du temps présent.

CONCLUSION.

Notre tâche est finie ; nous avons vu se dérouler la lamentable histoire des classes agricoles aux prises avec les possesseurs du sol. Depuis les Bagaudes jusqu'aux Ruthènes de Galicie, quel long calvaire, que de révoltes, que de misère, que de sang !

Dans ce chaos des guerres des paysans, si souvent contradictoires, l'esprit s'égare tout d'abord ; cependant il n'est pas difficile, quand on les examine de près, d'y retrouver quelques agents supérieurs, toujours les mêmes.

Le paysan est d'une nature complexe, à la fois conservateur tenace et radical forcené. C'est qu'il est, par excellence, l'*homme de la terre*.

C'est à la terre qu'il doit son patriotisme de clocher, son attachement aux vieux usages, son amour du sol natal qui le faisait, au matin de la bataille des Éperons d'or, porter à ses lèvres un peu de cette glèbe tant de fois arrosée de ses sueurs et de son sang ; c'est à la terre encore qu'il doit sa passion maîtresse, celle de la propriété.

L'homme qui, de père en fils, pendant des siècles, remue le

sol, le façonne et le féconde, cet homme s'identifie tellement avec ce sol qu'il finit fatalement par le considérer comme étant à lui. Peu lui importent d'ailleurs les rapports juridiques que d'autres prétendent avoir avec la terre! Qu'en vertu d'un droit théorique, de chartes ou de privilèges, un autre se dise propriétaire du domaine, le paysan n'en a cure tant qu'on ne porte pas directement la main sur cette terre qu'il cultive. Mais si l'on y touche, si l'on prétend s'emparer du fruit de ses sueurs, si on lui arrache les gerbes du blé qu'il a semé, les récoltes du champ qu'il a labouré, alors le paysan se révolte et étend sa large main sur ce champ qu'il s'est accoutumé à considérer comme son bien.

Le but suprême, le but évident de toutes les guerres des paysans, c'est donc l'émancipation du sol, la revendication de la propriété.

Mais il ne songe à cette revendication que lorsqu'il sent fortement que l'autorité d'un autre pèse sur son sol, et cette sensation il ne l'éprouve jamais autant que lorsque la misère le tourmente. Voir ses récoltes passer aux mains des collecteurs du fisc, son sel et son vin saisis par les gabelous et les rats-de-cave, ses blés écrasés par les gens de guerre, ses granges pillées, ses greniers brûlés, et mourir de faim au milieu des moissons qu'il a fait sortir de la glèbe au prix de tant d'efforts et qui mûrissent pour d'autres, c'est plus que n'en peut supporter un homme.

Si la revendication du sol est donc le but suprême des guerres des paysans, la misère en est le mobile primordial. Mais à ce mobile s'en mêlent fréquemment d'autres, la religion, la légitimité, le patriotisme, tous accessoires du premier, mais tous aussi prenant leur source dans la notion supérieure de la terre.

L'histoire des guerres des paysans le prouve à la dernière évidence. Sans doute, il faut se garder des classifications arbitraires, dont l'apparente simplicité masque, le plus souvent, la vérité des faits; cependant, si l'on analyse avec soin les guerres des paysans, il est permis d'y reconnaître les grands mobiles qui les inspirent en ordre principal, en s'appuyant sur cette cause première, la misère.

Tantôt c'est le patriotisme, l'indépendance nationale, comme dans la révolte des Bagaudes, les luttes des Saxons pendant le haut moyen âge, la prise d'armes de Zannequin, celle de Wat-Tyler, la guerre des Dithmarses, les révoltes des Suédois, des Irlandais ou des Tyroliens, la Vendée belge de 1798.

Tantôt, c'est la religion, comme dans les croisades des Albigeois et des Pastoureaux, la guerre des Hussites, la grande guerre des paysans allemands au XVIe siècle.

Tantôt, c'est la légitimité, l'attachement aux vieux usages, comme dans la Vendée française.

Tantôt, enfin, la misère apparaît seule, sans cause seconde un peu importante; telles sont presque toutes les Jacqueries françaises, y compris celle de la Constituante de 1789, les Jacqueries russes, celles de la Hongrie et de la Galicie.

Parmi toutes les guerres des paysans, ces dernières sont peut-être les plus terribles, parce qu'elles sortent directement d'un état aigu de la misère des laboureurs.

Du reste, nous le répétons, que l'on examine attentivement toutes les catégories des guerres des paysans, et l'on reconnaîtra que la misère est le ferment malsain qui les fait éclater. Pas une des grandes prises d'armes des laboureurs, pas même la Vendée belge, ne se révèle dans un temps tranquille, quand l'ordre règne dans l'État.

Celui qui aura résolu le problème de la misère chez les

classes agricoles, celui-là aura mis fin pour toujours aux guerres des paysans. Problème redoutable ! Bien des utopistes en ont cherché la solution dans le cours des siècles !

Sans parler des tentatives des anciens, ni des lois agraires de Rome, que d'efforts dans le monde depuis dix-huit cents ans ! Dès les premiers siècles de l'ère chrétienne, les communautés de villages apparaissent, cherchant la force dans l'union. Puis vient le communisme monacal, le système chrétien du renoncement, celui de Jésus, de Chrysostôme, de Basile, de Tertullien, d'Ambroise, de tous les pères de l'Église, système qui trouve son couronnement, à la fin du XIe siècle, dans les bénédictins de Fontevrault et les fondations de Robert d'Arbrissel. Béghards, Picards, Frères du libre esprit, Vaudois, Albigeois, Anabaptistes, Frères moraves, tous se basent sur le même principe.

Avec la Renaissance, d'autres idées apparaissent : Thomas Morus glorifie l'agriculture dans son *Utopie* et demande le service agricole obligatoire.

La Cité du soleil de Campanella reproduit les mêmes idées au XVIIe siècle et cherche à réaliser chez ses Solariens une sorte de communisme agricole sous l'influence des astres.

La Salente de Fénelon poursuit un rêve semblable : « Aucune « famille ne peut posséder que l'étendue de terre absolument « nécessaire pour nourrir le nombre de personnes dont elle « est composée. » (1)

Quant au XVIIIe siècle, il semble dominé tout entier par la fameuse parole de Jean-Jacques Rousseau, « les fruits sont à « tous, la terre n'est à personne ». Morelli, dans son *Code de la Nature,* Voltaire, dans *l'Homme aux quarante écus,* Brissot,

(1) *Télémaque*, liv. XII.

dans ses *Recherches philosophiques sur le droit de propriété et le vol*, Babeuf, dans son *Manifeste des Égaux*, tous enfin, physiocrates et communistes, se jettent dans cette voie.

Au XIXe siècle, l'école socialiste reprend la même thèse; Saint-Simon, Charles Fourier, dans ses phalanstères, Robert Owen, dans sa colonie coopérative de New-Lanarck et sa colonie industrielle agricole de New-Harmony, Proudhon, Lasalle, et bien d'autres, cherchent dans la suppression de la propriété foncière un remède contre la misère.

Il n'est pas jusqu'à celui qui devait être Napoléon III qui ne préconise les associations agricoles : « Notre loi égalitaire « de la division de la propriété ruine l'agriculture, dit-il dans « son *Extinction du paupérisme* (1); il faut remédier à cet « inconvénient par une association qui, employant tous les « bras inoccupés, recrée la grande propriété et la grande « culture, sans aucun désavantage pour nos principes poli- « tiques. »

M. Bonnemère lui-même, qui a fait une étude spéciale de la question, met en avant l'idée d'une association agricole libre, où l'avoir de chacun serait représenté dans chaque groupe par des actions (2).

Comme on le voit, tous ceux qui se sont occupés du problème de la misère essaient de le résoudre par le communisme, c'est-à-dire par un retour à la propriété primitive, au régime des markes et des clans.

Ils sont donc, quel que soit du reste le mérite de leurs théories, en désaccord flagrant avec la marche fatale de

(1) Cité par M. Bonnemère. *Histoire de l'Association agricole*. Paris, Dusacq, 1850, p. 107.

(2) Bonnemère. *Op. cit.*, pp. 114 et sq.

l'histoire depuis des siècles; ils sont en désaccord aussi avec les idées de la Révolution française.

L'avenir décidera qui a raison. Quoi qu'il en soit, il n'est pas à nier que le XIXe siècle n'ait apporté une grande amélioration au sort des paysans, et qu'en donnant à l'État plus d'ordre et de sécurité, il n'ait, dans bien des pays, fait à peu près disparaître les Jacqueries pour longtemps, sinon pour toujours. Toutefois, notre siècle a vu éclore, sous l'influence de la grande industrie, un nouveau prolétariat non moins redoutable, celui des ouvriers, et si les guerres des paysans ne sont plus à craindre, celles des ouvriers semblent devoir commencer.

Pour conjurer ce danger qui menace nos sociétés contemporaines, c'est encore le problème de la misère, c'est-à-dire de la propriété, qu'il faudra essayer de résoudre. D'où viendra le salut? De la grande propriété, de la petite ou de la propriété commune? C'est là une question qui mérite d'occuper les penseurs (1).

Dans tous les cas, pour la comprendre, pour en chercher la solution, il convient d'interroger le passé, cette leçon de l'avenir. C'est à ce titre surtout qu'il n'est peut-être pas inutile d'étudier l'histoire des guerres des paysans, ce long cri d'angoisse que les imperfections sociales ont arraché pendant tant de siècles aux entrailles de l'humanité.

(1) Voir, à ce sujet, les remarquables études de M. E. de Laveleye, dans la *Revue des Deux-Mondes*.

FIN.

TABLE DES MATIÈRES

OUVRAGES DU MÊME AUTEUR

La réforme de l'instruction prépa[illegible] en matière criminelle, en collaborati[illegible] M. Adolphe Prins. Un volume in-8°. Classe[illegible]

La réforme de l'enseignement moy[illegible] degré supérieur en Belgique. Brochur[illegible] 1872.

Les sciences géographiques dans le[illegible] ports avec l'histoire. Brochure in-8°, [illegible]

La détention préventive. Brochure in-8[illegible]

Le principe de liberté en matière p[illegible] Brochure in-8°, 1875.

Les races et les religions dans la [illegible] d'Europe. Brochure in-8°, 1876.

La classe moyenne et son rôle dans [illegible] moderne. Brochure in-8°, 1877.

Dix ans d'histoire de Belgique. Un [illegible] Bibliothèque Gilon. 1880.

www.ingramcontent.com/pod-product-compliance
Ingram Content Group UK Ltd.
Pitfield, Milton Keynes, MK11 3LW, UK
UKHW022017170726
13837UKWH00001B/236